AF450513

LE
DRAME LYRIQUE

EN FRANCE

DEPUIS GLUCK JUSQU'A NOS JOURS

PARIS. — IMPRIMERIE PILLET ET DUMOULIN
5, rue des Grands-Augustins, 5.

LE
DRAME LYRIQUE

EN FRANCE

DEPUIS GLUCK JUSQU'A NOS JOURS

PAR

Jacques HERMANN

PARIS

E. DENTU, ÉDITEUR
LIBRAIRE DE LA SOCIÉTÉ DES GENS DE LETTRES
PALAIS-ROYAL, 17 ET 19, GALERIE D'ORLÉANS

1878

PRÉFACE

Pour la seconde fois, depuis un siècle, le drame lyrique
touche, en France, à une de ces heures de crise où les destinées d'un art se décident. La lutte est établie entre les
grandes traditions rajeunies et la routine appuyée sur
d'innombrables préjugés.

Il importe que le public ait sous les yeux les pièces d'un
procès dans lequel il est juge souverain et définitif. J'ai
essayé de les lui présenter sous une forme concise.

Aussi, le lecteur ne doit chercher dans ces pages, ni l'histoire des maîtres, ni celle des œuvres qui les ont illustrés.
Mon but a été à la fois plus vaste et plus restreint : c'est

l'histoire du drame lyrique lui-même que j'ai entrepris
d'écrire, en retraçant beaucoup moins ce que les maîtres
ont fait, qu'en recherchant ce qu'ils ont voulu faire.
Il a fallu pour cela grouper les faits au lieu de les détailler.
De ce groupement est résultée une classification des compositeurs et de leurs productions en écoles distinctes. Elle
exigeait une sévère impartialité. J'espère l'avoir atteinte,
pour autant qu'elle ne soit pas l'indifférence, et qu'elle
consiste seulement à rendre à chacun la justice qui lui
est due. Elle exigeait, enfin, que les jugements portés
fussent assis sur une base dont nul ne pût contester la
solidité. Cette base, je l'ai trouvée dans l'esthétique des
grands maîtres, dont les noms sont inscrits au livre de
l'immortalité.

Cette esthétique, puisée dans les œuvres et dans les écrits
de ces maîtres, a exigé quelques développements. Ils sont,
à coup sûr, à leur place, dans une étude où l'art seul est
en question dans son but final et dans les moyens employés aux diverses époques pour l'atteindre.

Mais, quel que soit le caractère de ces pages, je n'ai
pas oublié, en les écrivant, que je m'adressais au bon sens
et à l'impartialité du public, plutôt qu'aux musiciens, dont
le siége est généralement fait. Ce livre est une œuvre

de vulgarisation et non de science pure, dédiée à ceux
qui doivent juger les productions de l'art lyrique, et qui,
à ce titre, ont plus que les musiciens eux-mêmes, l'avenir
musical de la France entre leurs mains.

Paris, le 1er décembre 1877.

J. H.

LE
DRAME LYRIQUE
EN FRANCE
DEPUIS GLUCK JUSQU'A NOS JOURS

De toutes les branches de l'art musical, le drame lyrique
est, à coup sûr, celle qui reçoit le plus directement l'empreinte du génie intellectuel d'une époque. Son but, en
effet, n'est pas seulement de plaire aux oreilles par des
mélodies agréables et par l'harmonie des accords dans lesquels se fondent les voix et les instruments, d'élever même
l'âme dans les régions supérieures par la sensation exta-
tique que produisent la musique sacrée et la musique symphonique : son but est plus humain, car il consiste à exprimer les passions bonnes ou mauvaises, énergiques ou
tendres, qui agitent l'humanité ; et comme ces passions
elles-mêmes se transforment, sinon dans leur essence intime,
au moins dans leur expression et dans leur physionomie
extérieure, la musique dramatique — qui reflète mieux
encore que la parole les nuances de la passion — accomplit à
son tour des évolutions, dont chacune porte le caractère du
temps où elle s'est opérée et du pays où elle s'est produite.

Rien ne le prouve mieux que l'étude des transformations

qu'a subies le drame lyrique en France, depuis la seconde moitié du siècle dernier; rien ne le démontre plus clairement que les productions récentes de la jeune école de musique dramatique française. Ces productions, dont quelques-unes sont très-remarquables, témoignent d'un esprit de recherche en dehors des voies rebattues; et le succès qui, le plus souvent, les accueille, permet d'affirmer que les formes anciennes sont devenues insuffisantes pour satisfaire le goût d'un public imprégné de l'esprit moderne.

Quels sont les caractères de l'évolution actuelle de la musique dramatique? Quelle pensée supérieure guide les novateurs, et quels sont les moyens, les procédés généraux auxquels ils ont recours pour mettre le drame lyrique en harmonie avec les besoins de notre époque? Telles sont les questions qui se posent — questions intéressantes à approfondir, puisqu'elles touchent à l'un des côtés de la vie intellectuelle contemporaine. Dans cette étude, qui a pour but de chercher à les résoudre, on verra que la crise actuelle remonte à une époque déjà fort éloignée, qu'elle est loin de toucher à sa fin, et que le drame lyrique ne sera définitivement assis sur une base solide que lorsqu'il aura pleinement satisfait à ces deux conditions : la vérité dans l'expression dramatique — qui exclut la phrase mélodique rhythmée et le retour périodique de la mélodie, — et la richesse symphonique de l'orchestration — qui repousse l'ancien accompagnement purement harmonique et fait participer l'orchestre tant à l'expression du sentiment qu'à la marche de l'action.

Ces deux buts vers lesquels marche depuis un siècle le drame lyrique, tantôt entraîné par d'énergiques efforts, tantôt ramené en arrière par d'innombrables défaillances, ont été l'un et l'autre atteints, quoique isolément, par deux hommes de génie. Gluck, en ce qui concerne la vérité dans l'expression, Beethoven, en ce qui concerne la richesse symphonique, ont su s'élever à des hauteurs qui n'ont point encore été dépassées. C'est de l'œuvre de ces deux grands génies qu'il convient d'abord de dire quelques mots.

I

Avant-coureur de la Révolution, l'école philosophique du xviiie siècle avait affranchi la pensée des liens dans lesquels le despotisme autoritaire du grand Roi et l'imitation trop servile de l'antiquité l'avaient trop longtemps tenue captive. Libre de toute entrave, la conception humaine reprenait, comme Antée, une nouvelle force en venant toucher la terre, c'est-à-dire en abandonnant le convenu pour se retremper aux sources du réel. Délaissant le monde conventionnel d'un passé évanoui depuis des siècles, elle interrogeait avidement le monde nouveau, à peine exploré. Un sang rajeuni circulait dans les veines de la société entière et en jaillissait de toutes parts dans des productions embrassant les diverses branches de la science et de l'art. En un mot, la pensée préludait, par son affranchissement, à la rénovation littéraire qui, arrêtée dans son développement par le drame de 1789 et par le despotisme écrasant qui en fut la conséquence, ne devait que plus tard, sous la Restauration, s'épanouir dans tout son éclat.

Le maître appelé à faire participer le drame lyrique au grand mouvement du xviiie siècle, était Gluck. Lorsque l'auteur d'*Alceste* était venu s'établir en France à la suite de sa compatriote la dauphine Marie-Antoinette, les œuvres de Lulli et de Rameau, ainsi que les compositions italiennes, jouissaient de la faveur presque exclusive du public. Le plus souvent, sur des sujets de pastorale ou d'idylle, sur des livrets où une sensibilité bourgeoise remplaçait le sentiment ou la passion, les compositeurs écrivaient une musique sans caractère, se préoccupant bien plus de plaire à l'oreille par des mélodies faciles reproduisant sans cesse un nombre très-limité de formes rhythmiques, que de satisfaire l'esprit par la concordance entre le chant et la situation morale des personnages. Cette conception de l'art, aussi étroite qu'incomplète, devait être élargie pour que le génie des maîtres pût se déployer en toute liberté. Ce que Gluck voulait, il va lui-même nous l'apprendre : « Je cherchai, « écrivait-il dans son épître dédicatoire d'*Alceste,* à réduire « la musique *à sa véritable fonction : celle de seconder la* « *poésie pour fortifier l'expression des sentiments et l'inté-* « *rêt des situations, sans interrompre l'action et la refroidir* « *par des ornements superflus.* Je crus que la musique « devait ajouter à la poésie ce qu'ajoutent à un dessin cor- « rect et bien composé, la vivacité des couleurs et l'accord « heureux des lumières et des ombres qui servent à animer « les figures sans en altérer les contours. »

La hardiesse, la nouveauté, le caractère vraiment humain de cette théorie, soulevèrent une polémique des plus vives. Son application à de nombreux chefs-d'œuvre créa à Gluck de chauds partisans. Mais la masse du public rompt difficilement d'un seul coup avec les habitudes prises, avec les traditions acceptées. Aussi Gluck, non content d'écraser ses adversaires à coups de chefs-d'œuvre, saisissait la plume, comme l'ont fait depuis tant d'autres musiciens qui, ayant à présenter une conception nouvelle, sont descendus dans l'arène pour aider au triomphe de leur cause. « Me voilà bien convaincu, répondait-il à La Harpe,

« son adversaire acharné, que la musique des maîtres
« italiens est la musique par excellence, *que le chant pour*
« *plaire doit être régulier et périodique,* et que même dans
« ces moments de désordre, où le personnage chantant,
« animé de différentes passions, passe successivement de
« l'une à l'autre, *le compositeur doit conserver le même*
« *motif de chant !* »

Dans la lutte qui s'éleva entre les adeptes des deux
écoles rivales, les adversaires de Gluck, comprenant que la
polémique seule était incapable de leur donner la victoire
sur le terrain des faits, songèrent à arracher au maître
allemand la faveur du public en lui opposant un adversaire
digne de lui. Piccini, l'auteur de *Didon,* le plus célèbre des
compositeurs italiens de l'époque, fut choisi pour se mesurer avec l'auteur d'*Armide.* Soutenu par la cour et par la
partie éclairée du public, Gluck triompha de son adversaire
dont les partisans étaient recrutés dans la masse toujours
rebelle aux nouveautés, et parmi les musiciens de l'ancienne
école, dont l'intérêt était d'étouffer dans son germe une
rénovation aussi radicale.

Malheureusement cette lutte, restée célèbre sous le nom
de querelle des Gluckistes et des Piccinistes — lutte qu'on
a vu se reproduire chaque fois qu'un novateur hardi a tenté
d'ouvrir de nouveaux horizons à l'art, — fut brusquement
arrêtée avant le triomphe complet du maître allemand. La
grande tourmente de 1789 qui, en balayant les rois et les
peuples et en couvrant de ses cris de délivrance les chants de
plaisir et de paix, supprima ses protecteurs royaux, vint
forcer Gluck à retourner en Allemagne.

Les conséquences de ces grands événements furent dé-
sastreuses pour l'art français. Il ne suffit pas d'être un
homme de génie pour changer le courant des habitudes

reçues, pour renverser le vieil édifice des préjugés et de la routine : il faut de plus un concours de circonstances heureuses qui permette à l'arbre de porter ses fruits. Sans cette condition, le génie reste isolé, l'arbre demeure stérile, en un mot, le compositeur ne fait point école. Nul doute que si les événements politiques n'avaient forcé Gluck à mettre un terme à ses triomphes, l'art français, dès cette époque, se serait engagé dans la voie que, beaucoup plus tard, quelques compositeurs ont essayé de suivre, et que la jeune école contemporaine parcourt sincèrement et avec de sérieux efforts.

Gluck disparaissant, au contraire, avant d'avoir fait pénétrer assez profondément son esprit dans les masses, celles-ci se hâtèrent de revenir sur leurs pas dans un chemin plus facile. Les Piccinistes, quoique battus, restèrent en possession du champ de bataille. La musique italienne redevint plus que jamais en faveur, et n'ayant rien retenu de cette voix puissante qui l'avait pendant un instant dominée, elle reparut avec ses ariettes, ses romances à couplets dites par le chanteur entre un grand duo et un chœur final, avec ses récitatifs obligés, aussi dénués d'expression que de mélodie, séparés par un invariable accord du grand air de la chanteuse favorite, laquelle, au bout de son crescendo ordinaire, perla sa roulade, lança sa note aiguë, et laissa le public satisfait d'avoir pu accompagner du bruit de sa conversation particulière la parfaite insignifiance des autres parties de l'opéra.

Cependant, l'œuvre de Gluck ne devait pas disparaître sans laisser quelques traces. On a vu que le terrain sur lequel le maître avait placé le drame lyrique était avant tout celui de la vraisemblance théâtrale, dont on s'était fort peu préoccupé avant lui. Il voulait mettre de la musique sur des paroles, et non des paroles sur de la musique. Une telle conception répondait trop bien au génie français, essentiellement clair et lucide, et aux besoins d'une époque avide de vrai et de réel, pour qu'il n'y eût pas quelques efforts tentés à la suite du grand coup frappé par l'auteur d'*Orphée*.

Ce n'a pas été le moindre titre de gloire de la France d'avoir su s'élever, ne fût-ce que pendant quelques années, jusqu'à cette haute conception de l'art qui vise plus haut et plus loin que la satisfaction purement extérieure des sens, et qui exige du public une attention toujours soutenue, pour prix de jouissances mélodiques plus élevées. Un compromis s'établit donc en France entre la forme italienne et l'esprit nouveau. La musique française d'opéra-comique fut créée. Elle porta l'empreinte d'un cachet supérieur, parce qu'elle se préoccupa, à son origine, de la recherche sérieuse de la vérité dans l'expression. Grétry peut être considéré comme le père de l'ancienne école française et le fondateur du genre. Son œuvre entière, ainsi que celle de Méhul, témoignent de l'influence de Gluck sur cette école qui devait jeter, à son aurore, un si vif éclat. Ce genre, essentiellement français, partagea désormais, avec la musique italienne, les faveurs du public des premières années de la Restauration. Une société honnête, policée, reposée enfin dans une paix si chèrement achetée, devait se laisser charmer par des compositions où la grâce du chant était unie à une expression suffisante des situations scéniques, lesquelles ne demandaient généralement que des mélodies tendres ou gracieuses.

Toute forme artistique tendant à occuper le juste milieu entre deux conceptions extrêmes, est fatalement condamnée à se fondre tôt ou tard dans une des deux formes qu'elle a pour but de concilier. Le genre français, espèce de compromis entre la théorie gluckiste de la vérité dans l'expression et la pure virtuosité italienne, ne pouvait échapper à cette loi. Les plus illustres parmi les continuateurs immédiats de Grétry, ceux, précisément, dont les œuvres ont gardé, avec leur entière jeunesse, toute la faveur du public, Méhul, Dalayrac, Nicolo, avaient conservé à l'art français le caractère élevé qu'il possédait à son origine. Mais, tandis que les œuvres de Gluck avaient presque complétement disparu de la scène, l'école italienne, au contraire, avait vu sa faveur s'accroître, grâce aux productions du génie fécond de Rossini, grâce à celles de ses illustres successeurs, Donizetti et Bellini, grâce aussi, il faut bien le dire, à la perfection de l'école de chant italienne et au mérite hors ligne d'une troupe composée de chanteurs tels que la Malibran, Lablache et Tamburini. Il était dans l'inévitable logique des choses que les compositeurs français cherchassent la popularité dans l'imitation des procédés qui excitaient l'enthousiasme sur un théâtre voisin. Les mélodies sobres, distinguées, touchantes de Grétry, les accents toujours si vrais d'Hérold, furent remplacés par des airs dont la pauvreté était à peine dissimulée sous les oripeaux des vocalises, des points d'orgue et des trilles. Bien vocaliser était devenu l'équivalent de bien chanter. Boïeldieu, Auber, Adolphe Adam, peuvent être considérés comme les chefs de file de cette pléiade de compositeurs dont les œuvres, malgré d'incontestables mérites et de grandes beautés, ont marqué les premières étapes d'une décadence qui, de chute en chute, devait conduire l'ancienne école jusqu'aux saturnales échevelées d'Offenbach, et plus bas encore, jusqu'aux monotones flonflons d'Hervé.

Cependant, l'art du drame musical ne devait pas dispa-

raître en France avec l'effondrement de l'ancienne école.
A l'époque même où celle-ci, après avoir jeté une dernière et
fulgurante lueur dans les œuvres d'Hérold, s'engageait dans
la voie de la décadence, une nouvelle école venait planter
son drapeau victorieux sur les ruines de l'ancienne. Rossini, abandonnant tout à coup la manière italienne, produisait *Guillaume Tell,* œuvre unique et qui mérite d'occuper
une place spéciale dans l'histoire. Meyerbeer, de son
côté, frappait le grand coup qui allait introduire, sur la
scène française, les richesses symphoniques de l'école allemande. Quoique étrangers tous deux, Rossini dans *Guillaume Tell,* Meyerbeer, surtout, dans *Robert-le-Diable* et
dans *les Huguenots,* doivent être regardés comme les précurseurs de l'école française contemporaine, principalement en ce qui concerne la part importante et nouvelle
que l'orchestre a prise dans le développement du drame
lyrique. Il eût été glorieux pour notre pays de compter un
Français parmi les fondateurs d'une école qui devait édi-
fier un temple nouveau sur les ruines de l'ancien. Il n'eût
tenu qu'à lui de posséder cette gloire : dès 1830, Berlioz
saisissait de sa main hardie le drapeau de novateur, et le
maintenait haut et ferme contre la tempête qui, de toutes
parts, se déchaînait contre lui. Mais comment pourrait-on
accorder quelque influence à Berlioz sur les destinées de
l'art français, alors que ses œuvres, méconnues, bafouées
même, n'ont que tout récemment conquis droit de cité
parmi nous? Il n'a dépendu que du public français d'assis-
ter, trente ans plus tôt, à l'épanouissement d'une nouvelle
école, dont un compatriote eût été à la fois le précurseur et
le père, d'une école qui, dès ses débuts, aurait pu rivaliser,
dans ses productions, avec les chefs-d'œuvre de l'Allemagne
et de l'Italie. La France rend aujourd'hui une justice tardive

à son enfant; mais elle a payé son ingratitude par un arrêt de trente ans dans le développement de ses destinées musicales.

II

Un des caractères génériques des œuvres qui ont marqué les débuts du drame lyrique dans la voie actuelle, est l'introduction de la richesse symphonique. D'où est venu cet élément nouveau? Dès la fin du siècle dernier, la musique instrumentale avait pris en Allemagne un essor remarquable. Haydn et Mozart avaient placé la musique pure, absolue, la symphonie en un mot, à une hauteur que le gigantesque Beethoven allait seul dépasser. Il est certain que Gluck lui-même avait subi l'influence des maîtres allemands de la seconde moitié du xviiie siècle; mais cette influence s'était fait sentir bien plus dans l'élévation, la largeur et l'originalité de ses mélodies, que dans la partie orchestrale de son œuvre. Pas plus que les productions italiennes, les opéras français ne donnaient au public l'occasion de s'initier à une forme musicale, dont la popularité en Allemagne était immense. Le grand Beethoven lui-même était inconnu dans notre pays, lorsqu'en 1810, un homme dont il faut honorer la mémoire, François Habeneck, chef d'orchestre du Conservatoire de Paris, entreprit la tâche difficile de le faire apprécier. Si, dans la patrie même de la musique symphonique, chez le peuple le mieux doué pour la comprendre et préparé, d'ailleurs, par les œuvres de symphonistes tels que Haydn et Mozart, Beethoven n'avait pas conquis sans lutte la place qu'il méritait, il devait en être ainsi à un bien plus haut degré chez un peuple dont l'éducation musicale se faisait au Théâtre-Italien. Du *Barbier de Séville* à la *Neuvième Symphonie,* il y a un abîme plus grand que celui qui sépare deux arts distincts, car il y a contradiction. Le peintre et le sculpteur s'allient à l'architecte pour faire un édifice complet et harmonieux ; la poésie s'unit à la musique pour créer l'oratorio ou l'opéra ; mais quel point de contact, quelle similitude d'origine, de causes premières, de but, de procédés, de facture même, peut-on trouver entre la forme musicale en usage à cette époque, et la puissance, l'élévation, la splendeur des œuvres d'un Beethoven ? L'entreprise d'Habeneck allait donc se heurter à des obstacles dont on se fait difficilement une idée aujourd'hui que l'on voit les salles de concert remplies des admirateurs convaincus et passionnés du géant de la musique instrumentale.

Ce sont les écrits du temps qu'il faut interroger pour se rendre compte de l'opposition parfois haineuse et jalouse, toujours systématique, qui accueillit la tentative d'Habeneck. Dans ses mémoires, Berlioz, alors élève du Conservatoire, écrivait les lignes suivantes : « Adolphe Adam nous
« a raconté que, dès l'apparition d'un opéra seria ou bouffon
« de Rossini, Boieldieu réunissait ses élèves pour leur
« faire lire et admirer sans réserve la nouvelle partition ;
« quant à Beethoven, c'était autre chose, et pour ne pas
« avoir à se prononcer sur des œuvres qui l'épouvantaient,
« il évitait de les entendre. Cherubini, qui, par sa *Faniska*
« représentée à Vienne la même année que *Léonore* de
« Beethoven, s'était trouvé un moment le rival du grand
« maître allemand, concentrait sa bile et n'osait la répan-
« dre sur un maître dont les succès l'irritaient profondé-
« ment. A Vienne, quand on lui avait demandé son avis
« sur *Léonore,* il s'était borné à dire, avec un dédain

« superbe, « qu'on ne savait en quel ton pouvait bien être
« l'ouverture et que le reste de l'opéra dénotait chez son
« auteur bien peu de connaissance de l'art du chant. »
« Berton regardait en pitié toute la moderne école alle-
« mande. Tous regardaient la musique instrumentale
« comme un genre inférieur, une partie de l'art estima-
« ble, mais d'une valeur médiocre, dont Haydn et Mozart
« avaient posé les bornes qui *ne pouvaient* être dépassées. »
Enfin, après une lutte aussi longue qu'acharnée, Habeneck,
qui avait consacré trois années à l'étude de la *Neuvième
Symphonie,* vit ses courageux efforts récompensés. On sait
que, depuis lors, en France comme partout ailleurs, on
écoute Beethoven avec les sentiments de respect, d'émotion
et d'enthousiasme par lesquels il convient d'accueillir une
des plus puissantes manifestations du génie humain.

Ce n'est jamais impunément qu'un public est mis en
contact journalier avec les productions d'un art supérieur.
Sans doute, la masse ne cesse pas brusquement de goûter
le genre auquel elle est habituée; il en est même une
partie qui restera toujours incapable d'apprécier le génie.
La vogue dont a joui naguère et dont jouit encore l'opé-
rette, le prouve. Mais il n'en est pas moins vrai que, le
contact une fois établi, le goût s'élève peu à peu et s'épure.
Le public devient plus exigeant, plus difficile. On écoute
avec complaisance, aujourd'hui encore, des œuvres médiocres où le travail de l'orchestration est nul; mais ces
mêmes œuvres, que l'on admire par tradition, tomberaient
misérablement dès leur première représentation si elles
provenaient d'auteurs contemporains. La richesse orchestrale est donc devenue une des conditions de l'art lyrique
moderne, et elle constitue, avec la recherche de la vérité
dans l'expression dramatique, le caractère particulier de

la nouvelle école de musique française. Gluck et Beethoven n'ont pas, à proprement parler, fait école en France ; mais l'éclat qu'ils ont projeté va grandissant. C'est vers leur génie que remontera de plus en plus la musique dramatique, à mesure qu'elle se rapprochera de ses véritables destinées.

III

On a vu qu'au moment où l'apparition de *Guillaume Tell* en 1828, de *Robert-le-Diable* en 1830, vint révéler au public français l'existence d'une forme plus parfaite du drame lyrique, le théâtre était occupé par deux écoles, lesquelles vivaient côte à côte en bonne intelligence. Nulle question essentielle de principes ne séparait l'ancienne école française de l'école italienne. Dans celle-ci, la virtuosité occupait la première place ; dans celle-là, elle n'occupait que le second plan, la recherche de la vérité dans l'expression absorbant davantage les compositeurs français. Néanmoins, le même public pouvait se transporter du Théâtre-Italien aux théâtres d'opéra français, sans choc violent dans ses idées sur l'art. Hérold était autre que Bellini, mais Hérold et Bellini n'étaient pas contradictoires. Des deux côtés le but était le même : distraire, amuser, soit par la virtuosité d'un chanteur, soit par une action habilement menée, servant de thème à une musique expressive, souvent élégante, toujours gracieuse. Il résultait de là, entre les deux écoles, des points de contact nombreux et des différences assez importantes qu'il est nécessaire de mettre en relief.

La recherche des caractères typiques de ces deux écoles

doit d'ailleurs être entreprise sans nulle préoccupation
d'établir la prééminence absolue de telle ou telle forme
artistique sur l'autre. Les productions de ces écoles ont,
en effet, exclusivement charmé le public d'une époque
éclairée, plus passionné que celui de nos jours pour les
œuvres de l'esprit. Aujourd'hui encore, elles comptent
de nombreux admirateurs, principalement en France, non-
seulement parmi ceux dont la jeunesse a été témoin de
leur vogue, mais encore dans la génération nouvelle, dont
l'éducation musicale n'a pas été suffisamment imprégnée
d'une forme supérieure. Le but du critique doit être tout
autre. Se dégageant de toute influence exercée par ce qu'on
appelle la mode, il doit s'élever au-dessus des évolutions
de l'art, et les dominer pour en saisir les causes, les développements, les effets. Laissant à la polémique le soin de
combattre, la critique, indifférente à la lutte, examine,
pèse, juge ; et ce jugement, purement esthétique, ne doit
être suspect ni de dénigrement, ni de parti pris.

Cependant, lorsque se plaçant à ce point de vue même,
la critique établit des classifications, elle ne peut éviter de
les baser sur une conception générale des destinées de l'art.
C'est, sans aucun doute, le seul moyen de dominer le sujet
et d'en rendre l'étude propre à éclairer les contemporains.
Or, l'art musical dramatique, pris dans son ensemble,
poursuit, comme l'art du dessin, comme celui de la littérature, un double but répondant à deux besoins de la nature
humaine. De ces deux besoins, l'un est celui qui pousse
l'homme à se distraire de la lutte quotidienne de la vie par
la recherche du plaisir ; l'autre est celui qui porte l'âme à
s'élever, fût-ce au prix d'un travail intellectuel, dans une
sphère supérieure. De là cette distinction, parfaitement
comprise par le vulgaire, entre le beau et le joli, l'amusant

et le sérieux. Sauf l'architecture peut-être, tous les arts offrent dans leurs productions ces deux formes : celle qui amuse, qui provoque le rire et la gaîté, et celle qui intéresse, émeut, fait réfléchir et provoque l'admiration. A ces formes correspondent, d'une part, le genre gai, badin, amusant; d'autre part, le genre sévère, que l'on désigne sous le nom de genre *élevé*, parce qu'il exige, pour être compris, un état intellectuel supérieur. On pourrait ajouter qu'il y a aussi le genre ennuyeux, qui fait trop souvent école. Les œuvres qui rentrent dans ce genre sont celles où l'on s'efforce de faire rire sans succès, et celles où l'on cherche à provoquer l'admiration sans la faire naître. Mais, comme il est probable que les compositeurs qui suivent cette voie ne le font pas de propos délibéré, la critique de ce genre regrettable, quoique juste, serait inutile.

Ces deux besoins de la nature humaine : se distraire et admirer, auxquels on vient de faire allusion, ont l'un et l'autre le droit d'être satisfaits, et c'est la mission de l'artiste de les satisfaire. Il est permis de préférer le plaisir à l'admiration, l'admiration au plaisir; mais il ne doit pas l'être de chercher dans les œuvres de Gluck ou de Beethoven ce que ces génies n'ont pas voulu y mettre, pas plus que de demander à Offenbach une élévation de pensée tout à fait en dehors de son but. En un mot, la critique doit interroger l'artiste, examiner ce qu'il a voulu faire, et seulement alors, le juger d'après ce qu'il a fait.

Cependant ces deux formes ne peuvent pas se trouver réunies dans une seule œuvre. Si elle était possible, cette alliance produirait à coup sûr la forme par excellence. Mais il semble que, par une singulière imperfection de notre nature, notre âme ne puisse être émue que par le sobre et le sévère, et que notre rire doive s'éteindre dès que notre âme est touchée. L'alliance du plaisant et du sublime paraît impossible dans tous les arts. En littérature, Shakspeare seul l'a tentée; Corneille, Gœthe, Schiller sont beaux, mais ils ne sont pas amusants. David, Kaulbach et Ingres n'ont jamais prétendu au succès de Granville ou de Gavarni. En musique, cette fusion impossible dans tous les arts a été essayée, et c'est précisément le caractère contradictoire de cette tentative qui a arrêté l'essor de cet art pendant une aussi longue période.

C'est pourquoi la musique dramatique en général, c'est-à-dire l'adaptation de la musique à une action scénique quelconque, ne peut atteindre à ses véritables destinées qu'en opérant en elle-même cette scission dont les autres arts nous donnent l'exemple. Une séparation absolue tend de plus en plus à s'établir entre l'opéra franchement comique (dont le type demeure l'*opera buffa* italien) et le grand opéra proprement dit. On verra que c'est précisément un des caractères de la nouvelle école française de faire état de cette différence radicale, en reléguant exclusivement le plaisir dans les théâtres secondaires, et en gardant pour elle les hautes visées vers un art plus élevé et, partant, moins accessible au vulgaire.

Ces réflexions sont de nature à mettre en lumière les tendances de la musique dramatique en France, dans la période qui s'étend depuis la disparition de Gluck jusqu'à l'apparition de Meyerbeer — et même bien au delà, car il ne suffit pas d'un homme de génie pour changer en un jour les habitudes intellectuelles du public. Les productions de l'école italienne et celles de l'école française se partageaient la scène, les unes et les autres captivant un public idolâtre. L'école italienne avait depuis longtemps oublié les sévères enseignements de ses premiers maîtres :

des Stradella, des Porpora, des Palestrina, il ne restait pas
même un lointain souvenir. Afin de prouver l'exactitude de
cette affirmation, il est nécessaire d'entrer dans quelques
détails sur le but que visait l'opéra italien et sur les moyens
qu'il mettait en œuvre pour l'atteindre.

Les Italiens en étaient arrivés à considérer l'opéra comme
un divertissement, tel que le ballet ou la pantomime : une
action quelconque, représentée sur une scène lyrique, n'était
pour eux qu'un prétexte à réunions, auxquelles la musique
formait un accompagnement agréable. De temps en temps,
une ritournelle annonçant une cavatine ou un grand air,
suspendait les conversations qui, aussitôt après, reprenaient
avec ensemble. Aussi les compositions lyriques étaient-elles
constituées au moyen d'un certain nombre d'airs, à une ou
à plusieurs voix, reliés bout à bout par des récitatifs dénués
de vraisemblance théâtrale. Ces récitatifs consistaient en
modulations fort peu mélodiques, que les compositeurs ne
se donnaient guère la peine de varier, et que les acteurs
bredouillaient hâtivement bien plutôt qu'ils ne les chan-
taient. Le succès d'une telle entreprise musicale résidait
donc tout entier, non dans le caractère général de l'œuvre,
mais bien dans la composition heureuse de quelques morceaux, les seuls qui attirassent l'attention du public, entre
un chœur pendant lequel il causait, et un finale d'acte qu'il
n'entendait pas.

Ce genre de musique dramatique eut de si longues
années de splendeur, qu'il serait puéril de condamner les
compositeurs pour avoir cédé au courant qui les entraînait.
Il est peu d'hommes assez fortement trempés pour mettre
l'amour de leur art au-dessus de la recherche du succès.
Les compositeurs s'engagèrent donc de plus en plus dans la
recherche d'une popularité facile. Se préoccupant de moins

en moins des intermèdes, tels que les récitatifs et les chœurs,
ils concentrèrent tous leurs soins sur les morceaux à la
faveur desquels ils espéraient atteindre à la renommée. Afin
d'éviter tout travail intellectuel d'attention à leurs auditeurs,
ils n'écrivirent que des mélodies *faciles*. Cherchant enfin le
succès en dehors de leurs œuvres elles-mêmes, ils s'effor-
cèrent d'y faire coopérer les interprètes, en leur offrant des
thèmes sur lesquels ceux-ci pussent déployer à l'aise les ressources de leur agilité vocale.

Un reproche, adressé à la musique contemporaine, a été
trop souvent répété pour qu'on puisse le passer sous silence.
Le public exprime souvent son opinion sur les nouvelles
formes de la musique actuelle en disant : « *Cela ne chante
pas !* » Le moment n'est pas venu d'entrer dans les développements que comporte l'étude de la mélodie, cet élément
essentiel de la musique ; cependant il est facile de voir que
ce reproche a quelque chose de spécieux. Il est sans doute
agréable, au sortir d'une première audition, de pouvoir fre-
donner les airs que l'on vient d'entendre ; mais cela même
ne prouve-t-il pas que ces mélodies sont dépourvues de
toute originalité ? Elles sont *chantantes* parce qu'elles repro-
duisent, sur d'autres notes, un rhythme périodique, régulier, et connu depuis longtemps, de sorte que le travail de
la mémoire, pour se les approprier, a été presque nul. La
permanence de la tonalité, l'absence d'accidents, la simplicité de l'orchestration, la répétition de la même mélodie
dans différents couplets, tous ces signes évidents de la
pauvreté de conception, sont donc les titres de gloire
de la musique facile. Alors, qu'un génie plus puissant se
lève, osant concevoir des formules nouvelles, on prétend
que la mélodie en est absente, parce que sa nouveauté
même empêche qu'on la saisisse du premier coup. En

musique, surtout, le public est un grand enfant, qui demande toujours du nouveau et qui regimbe quand on lui en donne.

Mais, s'il est vrai que la musique chantante ou facile offre une satisfaction immédiate plus grande que celle qui a d'autres visées, en revanche, elle ne tarde pas à devenir insipide, par la raison qu'elle donne du premier coup tout ce qu'elle peut donner. Les compositeurs italiens, qui suivaient cette voie, furent donc conduits à assurer la durée de leurs succès par un recours constant à la virtuosité des chanteurs. Le remède empira le mal. Peu préoccupés, par tempérament, de la recherche de la vérité dans l'expression, ils ne tardèrent pas à n'y plus accorder le moindre souci : le chanteur était là, qui devait pourvoir à tout. Le mouvement scénique, l'expression, l'accent, la mélodie elle-même en arrivèrent à dépendre du talent du virtuose, lequel ne se fit pas faute d'ajouter des traits de sa propre composition. La préoccupation exclusive de la virtuosité dans l'interprétation, et la négligence absolue de la vérité de la situation, telles furent les causes qui entraînèrent l'art italien vers cette complète décadence, dont plus tard Verdi allait le relever. Il serait néanmoins injuste de prétendre que tous les compositeurs de l'époque eussent un pareil dédain de la vérité dramatique : les musiciens de talent surent mettre dans leurs œuvres des accents qui émeuvent encore aujourd'hui. C'est le propre du génie d'avoir de belles inspirations, alors même que la théorie est défectueuse. Rossini, entre autres, dans *Moïse ;* Donizetti, dans *Lucie ;* Bellini, dans *la Somnambule,* ont fait plus que charmer : ils ont ému, et de là seulement vient la continuité de leurs succès. Mais ils n'ont pu échapper aux conséquences d'un principe faux : s'ils atteignent parfois à l'expression vraie, ce n'est que pour faire ressortir avec plus de force une invraisemblance théâtrale, conséquence obligée du système.

Il y aura lieu de revenir plus tard sur la question si controversée de la vraisemblance théâtrale, dont Gluck émit le premier la théorie, et qui, distincte de la vérité dans l'expression, s'y rattache néanmoins par des liens intimes. Toutefois, il est aisé de comprendre dès maintenant qu'elle ne peut s'allier à la virtuosité. Un exemple suffira pour mettre ce point en pleine lumière, et il sera fourni par une des plus belles inspirations de Rossini, par la romance du *Saule*, si justement célèbre. Dans le cinquième acte d'*Othello*, Desdémone, agitée des plus noirs pressentiments, chante ses angoisses au ciel muet et inflexible. Lorsque la Malibran et, plus tard, son illustre sœur Pauline Garcia, commençaient cette phrase célèbre : « *Assisa al pie d'un « salice,* » tout l'auditoire frémissait avec la lyre plaintive de la triste héroïne. Mais pas n'est besoin de pareils interprètes pour gémir dans son cœur en entendant de tels accents : l'âme se contracte, prend sa part des angoisses de la pâle victime, et, comme elle, pressent un malheur ! Tout à coup, quand on est bien saisi par ce motif douloureusement résigné, voilà que la mélodie se divise, se décompose en couplets variés, en airs agrémentés. Devant ces inutilités brillantes, l'esprit plongé dans le rêve affreux qui épouvante Desdémone, est éveillé en sursaut. Mal à l'aise, inquiet, désorienté, il ne voit plus devant lui qu'une artiste dont le talent, triomphant de difficultés vocales, provoque des applaudissements interrompant l'action dramatique,—qu'une artiste qui, reprenant aussitôt son personnage, va tomber le plus gracieusement possible sous la fureur jalouse d'Othello. Et telle était l'erreur artistique de ce temps, que la Malibran elle-même avait ajouté aux difficultés de l'air beaucoup plus que Rossini n'en avait mis. Aujourd'hui encore, les actrices chantent toutes l'air du *Saule,* de l'*Othello* de Rossini, *arrangé* par la Malibran !

Il est si vrai que ces errements illogiques et funestes étaient une condition de succès en l'an de grâce 1839 et le furent longtemps encore après, que, lorsque Pauline Garcia chanta pour la première fois en France le rôle de Desdémone, elle fut très-froidement accueillie. On ne la comprit pas, car elle était originale, car elle chantait avec son génie, et non avec les procédés alors en honneur au Théâtre-Italien, et non avec certains cris, avec certains points d'orgue, toujours les mêmes, qui ne forçaient point l'auditoire à écouter attentivement, ni à se bien connaître en musique. Il fallut attendre trente ans pour que l'admirable talent de l'éminente artiste, se produisant dans l'*Orphée* de Gluck, cette contre-partie de l'opéra italien, fût apprécié complétement par les Parisiens.

Nous voilà bien loin de Gluck et de la vraisemblance théâtrale ; cette digression nous y ramène précisément. Quand l'auteur d'*Orphée* veut exprimer un état d'angoisse et de douleur, il fait chanter à son héros cette plainte mélodieuse : « J'ai perdu mon Eurydice ! » Là aussi le début est sublime ; mais l'inspiration, loin de s'affaiblir, suit pas à pas les inquiétudes, les déchirantes interrogations d'Orphée, et plane au-dessus des puérilités du langage musical, dans une simple et large mélopée, non interrompue par un remplissage de gammes insignifiantes. Le chant est mélodique dans l'acception la plus élevée du mot, et il accompagne simplement, sans défaillance, les sentiments d'angoisse et de désespoir du personnage. C'est cette puissance d'interpréter justement une situation dramatique, de la « *fortifier,* » suivant l'expression du maître lui-même, qui doit s'appeler le génie. Il est impossible, après avoir entendu la romance du *Saule* de Desdémone avec ses couplets et ses traits en crescendos variés, et l'air d'Orphée de Gluck, de conserver deux impressions également fortes, et surtout également profondes. La première ne peut laisser qu'un charme factice, dépendant seulement de l'effet produit à l'instant même où elle a frappé l'oreille. Le second marque dans l'âme cette empreinte ineffaçable, propre aux accents *vrais,* car le compositeur y a rempli la condition essentielle du drame lyrique : il a su faire impression par la magie incomparable de la mélodie pure et de l'harmonie, confondues ensemble pour satisfaire à la fois aux exigences de l'oreille et de l'esprit.

Ainsi donc, les compositeurs italiens, alors même qu'ils atteignaient à l'expression vraie du sentiment, s'en trouvaient brusquement séparés par la recherche d'ornements superflus et par le souci de mettre en relief les virtuoses auxquels ils devaient une bonne part de leurs succès. Cela seul eût empêché la forme, adoptée par eux, de devenir définitive, si une autre cause ne se fût jointe à celle-là pour en précipiter la chute. Cette seconde cause était la pauvreté du travail orchestral. L'école italienne, de même que l'école française jusqu'à l'époque de Meyerbeer, semblait regarder l'orchestre comme une monstrueuse guitare uniquement destinée à accompagner les airs. Ce que l'on appelle aujourd'hui un « accompagnement de romance, » formait le fond obligé de toute mélodie, et les oreilles des dilettanti des salles Ventadour et Favart eussent crié à la barbarie, si une orchestration plus savante et plus compliquée les eût empêchés de dodeliner agréablement de la tête, en s'aidant de l'orchestre pour marquer le rhythme de leurs mélodies favorites.

Cette critique succincte des procédés et des tendances de l'ancienne école italienne, doit être complétée par une analyse rapide des productions de cette école qui ont obtenu quelque vogue en France.

Parmi les compositeurs dont les œuvres ont marqué l'apogée de l'école italienne, Rossini, Bellini et Donizetti occupent incontestablement le premier rang. Le Cygne de Pesaro doit même être regardé comme une des personnalités les plus remarquables qu'ait produites le monde musical. Un des caractères particuliers de son génie était une faculté merveilleuse de plier son inspiration aux divers genres que comporte le drame lyrique. Rossini aborda, en effet, tous les genres, et même toutes les formes musicales, sauf la symphonie. L'*opera buffa* avec *le Barbier de Séville,* l'*opera seria* avec *Sémiramis,* l'opéra-comique avec *le Comte Ory,* le grand opéra français avec *Guillaume Tell,* la musique religieuse avec le *Stabat* et avec une messe, sa dernière œuvre, furent successivement abordés par son imagination aussi riche que féconde.

C'est en Italie que Rossini débuta dans la carrière artistique par son opéra de *Tancrède,* représenté en 1813. Trois ans plus tard, la renommée naissante du jeune musicien conquérait un nouveau et impérissable titre de gloire par la charmante partition du *Barbier de Séville.* Tout ce que la fécondité de l'imagination italienne peut produire, tout ce qu'un talent gracieux, facile et spirituel peut donner, étaient réunis dans ce petit chef-d'œuvre. Jamais, du reste, thème ne fut mieux choisi pour servir de fond aux mélodies gracieuses et aux arabesques colorées du maître, que la comédie de Beaumarchais. *Le Barbier de Séville,* représenté à Paris en 1820 seulement, est demeuré le type de l'*opera buffa.* Dans l'intervalle, la fécondité prodigieuse du maestro ne s'était pas ralentie : *la Gazza Ladra* (1821), *la Cenerentola* (1822), *Sémiramis* (1823), avec *Tancrède* et *le Barbier,* constituent ce que l'on pourrait appeler sa première manière, ou sa manière purement italienne.

Dans ses œuvres subséquentes, dans *Othello* et particulièrement dans *Moïse,* on peut déjà constater les signes précurseurs d'une manière nouvelle, où la couleur, moins chatoyante peut-être, est, par contre, plus forte et plus vraie. Dans la prière de *Moïse,* notamment, Rossini s'est élevé à cette vérité dans l'expression et à cette inspiration dramatique que l'on retrouvera plus tard à son apogée dans *Guillaume Tell.* Enfin, dans *le Comte Ory,* un bijou d'esprit, de sentiment et de finesse, Rossini a paru vouloir se rapprocher de la musique d'opéra-comique française, dont il s'est assimilé le caractère et les qualités avec une rare perfection.

Ce ne fut que plusieurs années après l'apparition de *Guillaume Tell,* cette admirable partition dont l'examen critique trouvera sa place plus loin comme caractéristique du grand opéra français, que Rossini rompit un silence obstinément gardé pendant si longtemps. Mais ce ne fut pas pour donner à l'art du drame lyrique de nouveaux chefs-d'œuvre. Un *Stabat Mater* et, un peu plus tard, une messe, furent les productions nouvelles de son génie. Les titres de Rossini à la célébrité sont assez nombreux et assez éclatants pour que l'on puisse, sans amoindrir le prestige de son nom, lui contester l'inspiration que comporte la musique religieuse, telle que la comprenaient ses illustres devanciers, Stradella ou Marcello. Mais ce serait sortir du cadre de ce travail que de s'occuper plus longuement de ces œuvres étrangères à l'art dramatique.

L'Italie ne s'était pas contentée d'envoyer à la France le plus illustre de ses enfants : deux jeunes disciples de

Rossini, Donizetti et Bellini, pleins d'admiration pour leur maître, s'efforçaient de marcher sur ses traces. La mort prématurée de Bellini et le silence de Rossini laissèrent à Donizetti un vaste champ libre à parcourir. Il y trouva la gloire. A un plus haut degré que Rossini lui-même, Donizetti possédait cette faculté qui semble l'apanage des maîtres italiens, c'est-à-dire la fécondité et la facilité de la composition. Ses biographes rapportent, en effet, qu'il lui suffisait de quelques semaines, de moins encore, pour composer une œuvre entière. Donizetti remporta ses premiers succès dans le genre de l'*opera buffa* avec *l'Elisire d'Amore* et *Don Pasquale,* dont la délicieuse sérénade est restée célèbre. Cependant le genre de l'*opera seria* le tenta aussi, et avec raison, puisque *Lucrezia Borgia* et surtout *Lucia di Lamermoor* lui assurent une place immortelle à côté de son illustre maître. Certes, si les productions de l'ancienne école italienne devaient être un jour ensevelies dans l'oubli, des morceaux tels que le septuor de *Lucie* échapperaient à cette loi d'envieillissement qui attend les productions des écoles fondées sur un caprice de la mode plutôt que sur une conception plus élevée, et partant éternelle. Mais la France revendique justement le droit de partager avec l'Italie la gloire de Donizetti. *La Favorite* fut écrite, en effet, dans une manière plutôt française qu'italienne. Le rôle d'Alphonse, l'air : « O mon Fernand, » la jolie romance : « Ange si pur, » sont bien des produits du mélange des deux écoles. Au contraire, le duo de la fin : « Fuyons dans une autre patrie, » est absolument italien; aussi a-t-il déjà fort vieilli. Du reste, si l'on en croit les biographes, le succès de *la Favorite* fut consacré par une circonstance assez singulière. On raconte que ce fut grâce à un changement de la danseuse habituelle, dans le ballet du second acte, que la masse du public, un peu froide aux premières représentations, s'échauffa et se décida à faire à l'œuvre un succès qui ne s'est guère amoindri jusqu'aujourd'hui. D'ailleurs, lorsque Donizetti écrivit cette partition, le genre du grand opéra français était l'objet de rares productions, dues presque toutes à la plume de Meyerbeer et à celle d'Halévy. *La Favorite* dut sans doute en partie, à ce concours de circonstances, la faveur avec laquelle on l'accueillit. Enfin, *la Fille du Régiment,* représentée à l'Opéra-Comique en 1840, la même année que *la Favorite,* acheva de baptiser Donizetti français. *La Fille du Régiment,* en effet, est une petite fille d'Auber bien plutôt que de Rossini.

Les titres de gloire de Bellini, pour n'être pas aussi nombreux que ceux de Donizetti, n'en sont pas moins chers aux admirateurs de ce temps fécond en chefs-d'œuvre. Ils font ressortir mieux encore les dons particuliers de ce doux génie, en laissant deviner ce qu'il eût pu produire dans une plus longue carrière. Moins brillant que Rossini, moins varié que Donizetti, Bellini peint mieux, dans ses inspirations un peu mélancoliques, les chants amoureusement tendres des nuits italiennes. *La Somnambule* est une œuvre charmante, dans laquelle on dégage des vocalises qui étaient l'agrément obligé des productions de l'école, des phrases mélodiques de l'expression la plus touchante. *La Norma,* qui mit le comble à la réputation de Bellini, fut représentée en 1835, l'année même de la mort du jeune compositeur. Les plus célèbres cantatrices du temps ont rivalisé de talent dans les rôles passionnés de Norma et d'Adalgise, et ont tenu à gloire d'y attacher leurs noms. Bellini est absolument et complètement italien; aussi est-il douteux qu'il ait pu, comme Donizetti l'a fait, s'essayer avec succès dans la musique française. Il semblait qu'il voulût représenter, dans toute sa pureté, le génie musical de l'Italie, qu'un autre art s'apprêtait déjà à remplacer.

IV

On a vu comment l'ancienne école française, s'inspirant des grands et hardis préceptes de Gluck, avait pris sa forme définitive sous la main élégante de Grétry. On a vu aussi que cette école tomba du côté où elle penchait, en perdant son caractère propre dans une imitation trop servile des procédés de la facture italienne. L'affaissement ne fut cependant pas une chute, mais plutôt une décadence, procédant par degrés insensibles, avec de brusques retours de plus en plus rares vers la manière des maîtres. Les premiers symptômes se déclarèrent de 1830 à 1835, vers l'époque de l'apparition de Meyerbeer, qui fut impuissant à les arrêter. Toutefois, les compositeurs français ne s'abandonnèrent pas tous au courant : une partie d'entre eux tenta même de le remonter. Mais cette tentative — qui donna à l'art français des opéras et des opéras-comiques dont on applaudit les meilleurs encore aujourd'hui — ne s'appuyait pas sur une base assez solide pour qu'elle pût être autre chose qu'une *transition* entre l'ancienne école et l'avénement d'une nouvelle, répondant à toutes les aspirations modernes. Ainsi donc, tandis que l'ancienne école française, après avoir produit comme dernière œuvre sur une grande scène *le Premier Jour de Bonheur*, accentuant chaque jour sa décadence, descendait dans les théâtres secondaires, il s'en détachait un rameau vivace qui s'épanouit encore à l'heure actuelle sur la scène française, où il a produit des œuvres telles que *la Reine de Chypre, les Mousquetaires de la Reine*

et *le Songe d'une Nuit d'Été*. L'étude de cette décadence
est donc intimement liée à celle de l'ancienne école que le
moment est venu d'entreprendre, tandis que l'étude de ce
qu'on peut appeler l'école française de transition trouvera
sa place après l'examen de l'œuvre de Meyerbeer, dont
elle a subi partiellement l'influence.

La nation française a coutume de regarder la clarté et
l'élégance dans les productions de l'art comme des qualités
qu'elle possède en propre, ou tout au moins à un degré
supérieur. Sur ce point nous pourrions bien avoir raison.
En admettant donc que ces qualités soient caractéristiques
du génie français, l'ancienne école de musique dramatique
était merveilleusement appropriée à notre tempérament.
Rien de plus clair, dans leur élégante simplicité, que les
mélodies sorties de la plume d'un Grétry, d'un Méhul,
d'un Dalayrac. Pour n'en prendre qu'un exemple entre
mille, il est impossible d'entendre la romance de *l'Amant
Jaloux :* « Tandis que tout sommeille, » sans reconnaître
l'accent d'un sentiment vrai, exprimé simplement, sans
admirer la grandeur de l'effet produit, en dehors de toute
recherche d'ornements parasites, en un mot, sans reconnaître
le cachet d'une école supérieure. Quoique le sujet traité ne
soit rien moins qu'épique, on sent que le souffle de Gluck a
passé par là : il y a presque de la grandeur dans cette simple romance. Le sujet, un peu vulgaire, est anobli;
Grétry se pose en émule de Greuze, le grand peintre des
scènes bourgeoises. C'est, d'ailleurs, un fait remarquable
que les premiers maîtres de l'ancienne école française évitè-
rent presque constamment d'aborder des sujets épiques, et
pour peu que la donnée générale du livret s'y prêtât, le librettiste s'attachait plutôt à en développer un épisode gracieux
ou tendre, qu'à en saisir les côtés grandioses. Le poëme de

Richard-Cœur-de-Lion en est un exemple. Peut-être que les compositeurs, pleins encore du souvenir de Gluck, n'osaient se mesurer avec son génie, et hésitaient à entrer dans une voie où la comparaison aurait pu tourner à leur désavantage. Toujours est-il que l'ancienne école française évita presque toujours d'aborder ce que l'on peut appeler la « grande musique, » et si un reproche peut lui être adressé, c'est celui-là. La postérité lui accordera la vérité d'accent, le charme, la simplicité, l'élégance, l'anoblissement du sujet; mais elle lui refusera, à quelques exceptions près, le souffle puissant d'un Gluck, d'un Meyerbeer ou d'un Beethoven.

Ce fut une époque glorieuse pour l'art musical français que celle des premières années du siècle. Monsigny et Grétry dans les inspirations tendres, spirituelles, aux mélancolies souriantes; Méhul, plus près encore du grand Gluck dont il était l'admirateur passionné, dans des harmonies plus grandioses et plus élevées, avec le célèbre Italien Spontini pour émule, sont les génies les plus marquants de cette période. Ces derniers surtout cherchèrent moins à plaire au public qu'à suivre les grandes traditions d'un art qu'ils vénéraient. Dès leurs débuts, tous deux, et particulièrement Méhul avec son opéra de *Joseph*, furent plus appréciés en Allemagne que chez nous, où le Premier Consul, fanatique de la musique purement italienne, trouvait le grand style de Méhul trop sombre et même ennuyeux. Ce fut cependant à la protection de Joséphine que Spontini, venant d'Italie, dut de faire jouer à l'Opéra, avec toute la vérité voulue par le maître dans l'expression dramatique, son incomparable partition de *la Vestale*, que les idées de Gluck avaient inspirée. Cent représentations de ce chef-d'œuvre ne purent calmer l'enthousiasme des Parisiens. Aujourd'hui ce n'est plus que dans les concerts que l'on peut entendre des fragments de *la Vestale;* mais peut-être en est-il mieux ainsi, car cette musique, comme celle de Gluck, veut des interprètes bien supérieurs à ceux de nos jours : des œuvres de cette valeur exigent des artistes, et non des virtuoses, pour leur interprétation. Quoi qu'il en soit, ce grand succès dans la musique sérieuse n'était point du goût du Premier Consul. C'est alors que Méhul, sachant qu'on détestait à la cour sa musique sobre et sévère, fit donner son opéra de *l'Irato* comme venant d'un Italien ; il y sut si bien imiter les mélodies et les procédés de facture qu'affectionnait Bonaparte, que celui-ci déclara bien haut que jamais un compositeur français ne pourrait écrire d'aussi charmante musique. Quand, à la fin de la représentation, le régisseur vint annoncer au public le nom de Méhul, Bonaparte fut fort étonné et un peu mortifié; mais il y mit de la bonne grâce.

Cette période brillante eut autant de durée que d'éclat. Les compositeurs produisirent sans se lasser des œuvres toujours charmantes. Parmi eux, il y eut beaucoup d'élus. Nicolo, Boïeldieu, Auber, Adam, Victor Massé, vinrent simultanément ou successivement se partager les lauriers de la salle Favart. De Rossini à Auber, de Bellini à Boïeldieu, c'était un échange de bons procédés. Malheureusement pour l'école française, cette entente alla trop loin. Vers l'époque des grands succès de Boïeldieu, des premières productions d'Auber, l'art français voulut rivaliser avec l'art italien dans la recherche de l'effet par des procédés en dehors de la vérité d'accent. La noble simplicité des premiers maîtres, irrévocablement perdue, s'effaça sous la virtuosité. L'acrobatisme musical remplaça la pureté de la diction, et la « chanteuse à roulades » devint le premier élément de succès de toute troupe d'opéra-comique. Parmi les nombreuses productions de cette décadence, il suffira de citer *les Diamants de la Couronne, le Domino Noir, l'Ambassadrice.* Mais les meilleurs chanteurs étaient sans contredit à la salle Ventadour. En faut-il davantage pour expliquer comment l'art français, à partir du jour où il rompit avec sa tradition pour se rapprocher de l'art italien, abdiqua du coup son incontestable supériorité esthétique, sans parvenir à atteindre le niveau des productions qu'il cherchait à imiter? L'ancienne école française tomba ainsi de *la Part du Diable* dans *le Chalet,* du *Postillon de Lonjumeau* dans *les Noces de Jeannette,* jusqu'à ce que, complétement épuisée, elle laissât la place libre aux productions de l'école de transition et à celles de l'école contemporaine.

Cependant, le cours de cette longue décadence avait été interrompu, sinon arrêté, par quelques retours vers un passé glorieux. En 1828, Auber qui, par suite de la facilité même de son talent, jouit de la triste gloire d'avoir été un des fauteurs de la décadence, avait produit *la Muette de Portici,* œuvre sobre pour l'époque, qui s'élevait par instants à une grande hauteur, et qui paraissait inaugurer une nouvelle manière du maître. Mais, sans aucun doute, si quelqu'un eût été capable de s'opposer au courant, de le remonter peut-être, c'était Hérold, qui produisit successivement *Zampa,* en 1831, et *le Pré-aux-Clercs,* en 1832, après avoir écrit le charmant opéra-comique de *Marie.* Son œuvre porte, sans doute, dans son accent général, tous les signes de la musique alors en faveur : le public ne se fût plus contenté de la simplicité des premiers maîtres ; mais Hérold eut au moins la gloire de tirer de la manière de son temps, tout ce que celle-ci pouvait donner en originalité et en fraîcheur de mélodies. Il fut le seul de cette pléiade qui fit des opéras-comiques où l'accent vrai n'est pas perpétuellement sacrifié à la convention. Quoique le *Pré-aux-Clercs* ait emporté plus de suffrages, *Zampa* est supérieur à ce point de vue. Une mort prématurée vint interrompre le cours de ses succès ; mais alors même qu'Hérold eût enrichi le répertoire français de nombreux chefs-d'œuvre, il est permis de croire que ses efforts pour relever l'ancienne école française auraient échoué ; — et cela, non-seulement parce que cette école était déjà engagée trop avant dans la voie de la décadence, mais encore parce qu'une autre conception esthétique allait ranimer l'inspiration épuisée, mais surtout parce que des compositeurs de génie, pressentant la satiété du public pour un genre dont la facilité même d'assimilation était le plus grand péril, allaient suivre une voie supérieure, ce qui devait empêcher désormais l'ancienne école de se relever.

V

Dans l'étude des caractères généraux des anciennes écoles italienne et française, l'occasion ne s'est pas présentée d'établir une ligne de démarcation tranchée entre les productions du genre gai, et celles du genre sérieux ou sévère. Ces deux genres existaient cependant distincts ; mais les procédés de facture qui y correspondaient n'étaient pas caractérisés par des différences essentielles. Ainsi, les Italiens distinguaient l'*opera buffa* et l'*opera seria ;* et il est incontestable que les mélodies de cette dernière forme présentaient généralement un caractère touchant, mélancolique, quelquefois passionné, qui était remplacé dans la première par des accents plus gais, plus entraînants. Mais.

dans les deux genres, la structure était identique : l'action dramatique y était également découpée en airs, en duos, en romances, dont les intervalles étaient remplis par les mêmes récitatifs insipides ; l'orchestre y jouait un rôle également subalterne ; la fioriture y occupait la même place, et y jouissait de la même importance.

Dans l'ancienne école française, la démarcation semblait mieux établie. A l'origine, cette école, tout en adoptant la structure italienne, l'avait modifiée en remplaçant le récitatif par la parole. Mais on constata que cet assemblage hétéroclite de chants et de conversations nuisait à la vraisemblance théâtrale, et l'on adopta, comme règle, de conserver le récitatif italien dans les compositions sérieuses. De là naquit cette classification peu fondée entre l'opéra-comique et le grand opéra — classification qui en arriva à dépendre exclusivement de la volonté du compositeur, et nullement du but poursuivi dans l'œuvre. Si les récitatifs étaient chantés, c'était un grand opéra ; s'ils ne l'étaient pas, c'était un opéra-comique.

Les gardiens qui veillaient aux portes du temple du Grand-Opéra en interdisaient soigneusement l'accès aux profanes, c'est-à-dire aux musiciens qui n'avaient pas encore conquis des titres à la renommée, quelle que fût d'ailleurs la tournure de leur génie. Ceux-ci n'avaient donc d'autres ressources que de franchir d'abord le seuil plus hospitalier de l'Opéra-Comique, dont le répertoire vit s'étaler, à côté des productions les plus badines, des opéras qui n'avaient de « comique » que le nom. L'école française de transition, surtout, offre de nombreux exemples d'œuvres de ce genre, telles que *Quentin Durward, Fior d'Aliza, Mignon,* plus récemment encore *Carmen,* et, à cette heure même, ne fait-on pas du grand opéra à l'Opéra-Comique avec *Cinq-Mars ?* Toutefois on est forcé de reconnaître que cette distinction structurale entre l'opéra-comique et le grand opéra, produisit un résultat favorable au développement du grand art. Tandis que les Italiens, usant dans toutes les circonstances du récitatif, ne le considéraient que comme un remplissage entre leurs mélodies, les Français, précisément parce qu'ils l'avaient réservé aux productions sérieuses, cherchèrent à le mettre en accord avec l'action dramatique. Et, en effet, à quoi leur eût-il servi de rompre avec la tradition du récitatif parlé, si c'eût été pour le remplacer simplement par un chant plus insipide encore. En réalité, la réintroduction du récitatif chanté était basée sur une idée esthétique parfaitement juste — idée dont les développements devaient conduire, par degrés insensibles, de la forme italienne pure aux récitatifs colorés de *Guillaume Tell* et des *Huguenots*, de ces derniers à la mélopée dont les œuvres de Gounod nous donnent de si beaux exemples, et enfin à la forme parfaite, où la musique dramatique n'est plus que mélodie.

Cette idée esthétique du récitatif chanté — idée dont les admirables conséquences viennent d'être développées en quelques mots — n'est, à proprement parler, qu'un des éléments d'une théorie plus vaste, à peine entrevue aujourd'hui : celle de la vraisemblance théâtrale, dont Gluck fut le premier à se préoccuper. Tant qu'il n'est question que de l'art dramatique proprement dit, chacun comprend la valeur de ce terme. Les anciens et, après eux, les dramaturges des deux derniers siècles, avaient établi la vraisemblance scénique sur les trois unités d'action, de temps et de lieu. L'école romantique d'abord, l'école moderne ensuite, ont cru pouvoir s'affranchir de cette règle étroite et, à l'exemple de Shakspeare et de Gœthe, ils ont cherché à atteindre le but par des moyens tout différents qu'il n'y a pas lieu

d'examiner ici. Mais, dès que l'on parle du drame musical,
l'idée de la vraisemblance semble perdre toute sa netteté.
Ce qui est admis d'une part comme indispensable, semble
tout à coup devenir une utopie, une chimère, une impossi-
bilité. Il est donc nécessaire d'indiquer ce que peut être la
vraisemblance scénique dans le drame musical, d'établir
la réalité de son existence, et de montrer par quel ensemble de moyens on peut y arriver. Il est nécessaire,
enfin, de faire voir que l'œuvre d'art parfaite doit la posséder, et que plus l'art avance vers sa perfection, plus
grande est la part qui est faite à cet élément trop longtemps
dédaigné.

Et d'abord, la vraisemblance est-elle compatible avec le
drame lyrique ? A cette question, plus d'un répondra que
l'on n'a pas coutume de chanter pour exprimer ses sentiments, que, par suite, le drame lyrique sort du réel, et
dès lors, qu'il est superflu de s'élever contre les formes
admises, contre le récitatif parlé ou chanté, contre les romances à couplets, les duos, les ritournelles, voire même
contre les vocalises : qu'importe, pourvu que l'oreille soit
charmée ! Du moment que la convention entre dans l'essence d'un art, elle y règne en maîtresse, et l'on est mal
venu de refuser des licences quand on accorde la base même
sur laquelle ces licences reposent.

Ce raisonnement est facile à réfuter ; car il se base sur
une conception de l'art qui, bien que commune, n'en est
pas moins fausse. Cette conception est celle qui attribue à
l'art la mission d'imiter servilement la nature. Contre cette
appréciation, tous les arts sans exception protestent. Dans
un tableau, chacun sait que les objets placés au second plan
ne doivent être qu'indiqués : le peintre qui voudrait les
représenter tels qu'ils sont, ferait une œuvre sans air, sans

profondeur. Loin de traiter les objets tels que la nature les
offre, il s'efforce de les effacer pour mettre en relief le sujet
principal, et l'artiste qui méconnaîtrait cette vérité, descen-
drait au rôle du photographe. Sur la scène, les sentiments,
les passions, doivent être adaptés à une optique particulière.
Les acteurs n'arrivent au naturel qu'à force d'études, et
leurs mouvements qui paraissent les plus spontanés, sont
ceux qu'ils ont étudiés avec le plus de soin. En littérature,
le style dit « facile, » est en réalité le plus travaillé. En un
mot, l'art n'existe que grâce à un ensemble de procédés,
qui constituent, à proprement parler, une *convention*.

L'art du drame lyrique n'est donc pas le seul qui repose
sur une concession mentale du spectateur, et cette concession ne paraît pas plus difficile à faire que toute autre, puisque les Grecs eux-mêmes l'ont admise pour les chœurs de
leurs tragédies. Mais de ce qu'une telle convention existe,
en résulte-t-il qu'elle puisse impunément franchir certaines
limites? Une comparaison, plus encore, une identité, peut
être établie à cet égard entre le drame lyrique et le drame
en vers. Pas plus qu'on ne chante pour exprimer ses sentiments dans la vie réelle, pas plus on ne parle en vers. Or,
de ce qu'un dramaturge se décide à versifier une œuvre,
en est-il moins astreint à observer la vraisemblance dramatique? Il serait absurde de le prétendre. L'auditeur,
dès le début, concède que les personnages s'exprimeront
dans telle forme, et, pour lui, cette concession n'entraîne à
aucune autre. Il en doit être identiquement de même dans
le drame lyrique. Là, les personnages ne parleront plus
seulement en vers : ils diront ces vers sur une mélodie qui
centuplera l'expression de leurs sentiments ; le chœur
exprimera les pensées de la multitude et mêlera sa voix
puissante à la marche de l'action ; l'orchestre y prendra part

comme ces voix mystérieuses de la nature qui se font entendre dans le recueillement de l'âme. Telle est la concession du spectateur, telle est la convention en vertu de laquelle le drame lyrique — cette admirable création du génie humain — existe. Mais cette convention doit être respectée. Aller au delà, c'est choir de la convention nécessaire et permise, dans un art conventionnel. Ainsi, il est certain que, dès les premiers accords d'une ouverture, le spectateur s'abandonne au charme dont la musique le pénètre, et, au même instant, il se trouve préparé à accepter sans protestation la diction mélodique des personnages. Mais si la musique cesse tout à coup, si ces mêmes personnages continuent l'échange de leurs pensées dans un langage vulgaire qui forme le contraste le plus choquant avec la langue musicale dans laquelle ils se sont jusque-là exprimés, aussitôt le charme s'évanouit : ce ne sont plus tels ou tels personnages qui s'agitent sur la scène ; les acteurs percent sous leurs costumes chamarrés, et, le plus souvent, les chanteurs sont de mauvais comédiens. La vraisemblance est détruite. Vienne l'air suivant, les spectateurs applaudiront l'artiste, mais ils ne s'intéresseront plus ni au personnage, ni au drame lui-même. Aussi voit-on le jugement perdre toute sa sévérité en ce qui concerne le livret, auquel on ne demande plus autre chose que d'offrir de nombreux thèmes à des formes favorites : un grand air pour le chanteur, un autre grand air pour la chanteuse, un certain nombre de chœurs, une romance, un sextuor ou un septuor avec finale et chœur, le tout assaisonné de quelques duos, et surtout une grande magnificence de mise en scène avec les ballets inévitables, tels sont les éléments que l'on veut y voir réunis. Puis enfin, reléguant au dernier plan et l'auteur lui-même et sa musique, on n'ira plus à l'Opéra pour voir un opéra, mais pour entendre un chanteur célèbre. On ne parlera plus de chefs-d'œuvre, mais d'étoiles : les gros caractères de l'affiche seront réservés à celles-ci. Quant au reste de l'interprétation, les directeurs — sûrs d'avoir une salle bien garnie pourvu qu'un astre brille sur la scène — ne s'en soucieront guère, et l'art mourra insensiblement au bruit des applaudissements enthousiastes d'une multitude dévoyée.

Il a fallu près d'un siècle pour que le mélange du chant et de la parole, cette première faute contre la vraisemblance théâtrale — amenât ces conséquences extrêmes. On doit remercier au nom de l'art ceux qui, les premiers, s'écartèrent de cette invraisemblance scénique. D'ailleurs il était naturel que cette transformation s'opérât dans les œuvres sérieuses, attendu que celles-ci s'adressant plutôt à l'admiration qu'au plaisir, le public qui les écoutait était naturellement plus sévère à l'égard de toute faute contre le goût. Néanmoins, lorsque aujourd'hui de nouveaux opéras-comiques sont produits sur leur scène habituelle, on constate que la partie musicale en est de plus en plus considérable, et la partie orale de moins en moins développée. C'est un progrès dont on doit se féliciter.

Et cependant, l'heureuse substitution du récitatif chanté au récitatif parlé n'était qu'un timide et premier pas vers la vraisemblance théâtrale. Les formules scéniques italiennes, adoptées sans modifications sensibles par les compositeurs français, y étaient tout aussi contraires. Quelques exemples serviront à le prouver. On connaît la formule du duo italien : les personnages ayant à exprimer des sentiments souvent contraires, débutent par les chanter, l'un après l'autre, sur la même mélodie ; jusqu'ici on ne pèche que contre la vérité dans l'expression ; mais aussitôt après, ils unissent leurs voix, chantent tous les deux ensemble, et dès lors toute vraisemblance disparaît. Sans doute, les sons produits peuvent être très-agréables, l'oreille peut être charmée, mais non l'esprit, qui sait fort bien que le meilleur moyen de ne pas s'entendre est de parler plusieurs à la fois. Un art qui recourt à de tels procédés pour recueillir des applaudissements, témoigne de la pauvreté de ses moyens. On sait heureusement aujourd'hui que, manié par des compositeurs de talent ou de génie, l'art lyrique peut conquérir la faveur du public sans descendre jusqu'à ces procédés purement conventionnels.

Il serait trop facile de citer d'autres exemples de formules italiennes péchant également contre la vraisemblance. Il suffira d'en nommer une seule : la roulade, et ce sera pour rendre aux compositeurs de l'ancienne école française, la justice de reconnaître qu'ils en ont fait un très-sobre usage. On peut se demander en quoi la convention fondamentale du drame lyrique autorise un personnage à suspendre brusquement l'énonciation de sa pensée pour montrer l'agilité de son gosier. On répondra qu'une roulade bien chantée flatte tout au moins l'oreille. Certaines oreilles, en effet, peuvent en être charmées, et c'est une affaire de goût que l'on ne peut discuter. Mais on en revient ainsi à la question fondamentale du but de l'art : tant que ce but est le plaisir, il n'y a aucune raison de rejeter le duo, la roulade, le mélange de la parole et du chant, et même toute extravagance en dehors de l'action; mais dès que ce but est plus élevé, la forme doit s'épurer et trouver dans la vérité de l'expression, dans la vraisemblance scénique, dans la largeur du chant, dans la pureté, la force et la nouveauté de la mélodie, enfin dans les ressources inépuisables des puissances orchestrales, une

large compensation à des formules que la tradition seule
fait encore accepter, et qui ne tarderont pas à disparaître
si, comme tout le fait supposer, la nouvelle école française
obtient le même succès en France que les nouvelles écoles
italienne et allemande dans leurs pays.

VI

De même que le mouvement philosophique du xviii°
siècle avait produit Gluck, de même le mouvement romantique de la Restauration devait amener la création d'une
école nouvelle. Chose étrange, et qui démontre bien que
les temps étaient venus, ce fut le plus célèbre des compositeurs italiens qui, rompant avec son glorieux passé, préluda à la rénovation musicale. Ce compositeur était Rossini ;
son œuvre fut *Guillaume Tell,* — œuvre unique, non-seulement dans la carrière du musicien, mais même dans l'histoire entière de la musique dramatique. Par cette œuvre,
le radieux talent du maître se transforma en génie, et
l'effort fut tellement gigantesque que Rossini en parut
épuisé, et que, l'ayant écrite, il cessa d'écrire.

Les tendances que révèle l'opéra de *Guillaume Tell* méri-
teraient d'être analysées avec le plus grand soin, si l'on ne
tenait compte que de la splendeur de la composition. Mais,
pour qu'une œuvre occupe autrement que comme un mé-
téore lumineux une place importante dans l'histoire critique de l'art, il faut qu'elle soit plus qu'un fruit du génie
humain : il faut qu'elle soit un aliment destiné à nourrir
l'esprit du monde artistique. Or, *Guillaume Tell,* conception
sublime, n'a inspiré ni son auteur, ni les compositeurs du
temps, ni ceux qui se sont succédé depuis lors. Ce sont

les causes de ce fait, anormal en apparence, qu'il importe d'examiner.

Avant d'écrire son chef-d'œuvre, Rossini avait donné l'exemple d'une fécondité et d'une variété sans pareilles. Agé seulement de trente-sept ans, l'auteur du *Barbier de Séville* et du *Comte Ory* s'engageait dans une voie nouvelle, qui promettait à la France une longue série de chefs-d'œuvre, et à la suite de ceux-ci, l'avénement d'une nouvelle école qui, marchant dans le sillon tracé par le maître, aurait hâté de trente ans la rénovation musicale. De si belles espérances devaient être renversées par l'entrée en scène d'un homme qui, ébranlant profondément les traditions sur lesquelles avait reposé jusque-là la conception du drame lyrique en France, allait préluder à l'avénement définitif de l'école moderne. Trois ans seulement après l'apparition de *Guillaume Tell*, Meyerbeer faisait représenter *Robert-le-Diable*. Ce fut un véritable coup de foudre. Rien ne peut peindre le désarroi que jeta dans le public l'apparition de cette œuvre, éclatant avec ses fanfares guerrières et démoniaques sur un théâtre dont les échos n'avaient jamais retenti de richesses symphoniques pareilles. La prompte et décisive victoire remportée par Meyerbeer, remplit d'amertume l'âme de Rossini. L'auteur de *Guillaume Tell* fut à la fois effrayé et découragé par l'apparition de cet art nouveau, qui avait si rapidement conquis sa place au soleil. Il dut en être ainsi, car parlant des opéras de Meyerbeer, Rossini laissa échapper des paroles qui dénotaient un découragement amer, une vive irritation de devoir partager ses lauriers avec un musicien dont le génie était l'antithèse du sien. Ses amis, s'étonnant un jour de ce que, si jeune et doué de cette facilité abondante et gracieuse qui le distinguait, il cessât d'écrire, le prièrent de reprendre

sa lyre et de produire encore quelques chefs-d'œuvre :
« Peut-être, répondit-il, quand le sabbat des Juifs sera
passé ! » Le sabbat, c'étaient *Robert-le-Diable, les Hugue-*
nots, le Prophète et *la Juive ;* les Juifs étaient Meyerbeer
et Halévy.

On pourrait, cependant, se demander quels auraient été
les caractères d'une école qui se serait élevée sur cette nouvelle conception esthétique du drame lyrique, dont *Guil-*
laume Tell est la production unique. Le caractère le plus
saillant de l'œuvre est une ampleur, une richesse et un
coloris harmoniques que personne n'a peut-être atteints, que
personne, à coup sûr, n'a dépassés. *Guillaume Tell* est un
océan d'harmonie dans l'immensité duquel on perd jusqu'au
désir d'une richesse symphonique supérieure. L'ouverture,
avec sa couleur pittoresque et son entrain, tout le premier
acte avec ses chœurs empreints du sentiment religieux le
plus naïf et en même temps le plus élevé, sont des pages
dans lesquelles l'harmonie et la mélodie ont constamment
plané devant l'inspiration du maître, étroitement enlacées.
A ce caractère saillant viennent s'ajouter la vérité de la couleur locale, la beauté et la distinction des mélodies, souvent
la vérité dans l'expression dramatique, notamment dans le
célèbre trio de la conjuration. Mais ce qui, au point de vue
de la marche progressive de l'art, est plus digne encore
d'être remarqué, c'est la forme à la fois expressive et mélodique donnée à quelques récitatifs, comme si l'Italien
Rossini lui-même eût reculé devant l'idée d'interrompre
le développement harmonique de son chef-d'œuvre par ces
insignifiants intermèdes. Sous ce rapport, les récitatifs du
duo de Guillaume et d'Arnold, et le sublime récitatif de
Guillaume Tell au premier acte qui forme un contraste
si dramatique avec la barcarolle tendrement joyeuse du

pêcheur, atteignent les hauteurs de la mélopée. Ce sont ces admirables beautés qui font glisser les partisans de l'art moderne sur certaines pauvretés orchestrales de la partition, sur des faiblesses telles que le duo d'Arnold et de Mathilde, sur la structure italienne de l'œuvre, où les règles de la vraisemblance scénique ne sont pas assez observées. Mais il n'en est pas moins certain que, sans imitations comme sans précédents, *Guillaume Tell* continuera à briller dans le firmament musical comme un astre sans rival, jetant sur le grand art un éclat incontesté.

Il suffit de jeter un coup d'œil sur l'état du drame lyrique en France, à l'époque de la Restauration, pour se convaincre que rien n'était moins en rapport avec le mouvement intellectuel du temps que la conception esthétique sur laquelle reposait le drame musical. Sans aucun doute, les œuvres des écoles italienne et française étaient encore fort estimées; mais le public était merveilleusement disposé à comprendre — et, par conséquent, à accueillir — un novateur qui aurait eu l'audace de se dégager de formules conventionnelles et surannées. On peut aujourd'hui juger de haut la querelle des classiques et des romantiques, qui agita le monde intellectuel de cette époque fertile en chefs-d'œuvre de tous genres. L'émancipation littéraire est désormais un fait accompli, et ce fait paraît si naturel que l'on n'accorde pas toujours aux luttes qui l'ont préparé l'importance qu'elles prenaient aux yeux des contemporains et que leur réserve l'histoire. Que la plupart des productions de l'école romantique aient vieilli, cela n'importe guère. Une œuvre d'art ne doit pas être jugée seulement au point de vue de sa valeur absolue : elle doit être appréciée, eu égard au temps où elle a paru et d'après les résultats qu'elle a produits. Si les luttes qui ont signalé l'apparition de l'œuvre dramatique de M. Victor Hugo semblent puériles aujourd'hui, il n'en est pas moins vrai que le théâtre de MM. Augier et Alexandre Dumas fils n'aurait pas vu le jour si, au préalable, l'esprit humain ne se fût émancipé de la tutelle de l'école classique. Le mouvement romantique doit donc être considéré comme une des plus grandes tentatives de l'esprit humain vers la recherche de la vérité dans l'art, et cette tentative allait produire sa conséquence dans le drame lyrique comme dans la littérature.

C'est dans cet ordre d'idées que l'on peut donner le nom d'*école romantique* à la nouvelle école musicale qui, vers 1830, en Allemagne, secoua les vieilles formules de convention; mais ce ne serait qu'à la condition de ne pas prendre ici cette épithète comme antithèse de celle de *classique*. Rien, en effet, n'était moins classique, dans le sens habituel que l'on donne à ce mot, que l'esthétique et les procédés de facture des écoles italienne et française à l'époque où l'on est parvenu dans cette étude. Il est donc nécessaire de s'entendre sur les mots, et de bien établir que l'école romantique — dont Weber en Allemagne, Meyerbeer et Berlioz en France, ont été les fondateurs — doit ce nom au mouvement intellectuel qui l'a produite, et non pas à un ensemble de procédés ou de formules qui, à leur tour, peuvent s'user et vieillir. A ce titre, la nouvelle école est *romantique,* et elle le sera tant qu'elle cherchera sa voie dans la vérité de l'expression dramatique, dans la simplicité du chant, et dans le développement des richesses orchestrales.

On ne doit pas s'étonner que l'Allemagne ait précédé la France dans cette voie nouvelle. Là, en effet, le mouvement philosophique du xviiie siècle n'avait pas été interrompu. Les œuvres de Gœthe et de Schiller, si vivantes, si profondément empreintes de l'esprit moderne, avaient pré-

paré de bonne heure le public allemand à une rénovation
dans la conception du drame lyrique. Le génie musical de
la nation allemande brillait depuis un siècle dans la forme
symphonique pure. Habitué à entendre les œuvres magis-
trales d'un Bach, d'un Haydn, d'un Beethoven, où, indépendamment d'un admirable développement des moyens
orchestraux, les mélodies se distinguaient par une élévation, une ampleur et un caractère inconnus jusqu'alors, le
public pouvait difficilement être satisfait par les redon-
dances rhythmiques et mélodiques, par la recherche de
l'effet en dehors des moyens musicaux proprement dits,
caractéristiques de l'école italienne. L'Allemagne avait applaudi dans *Don Juan,* le jeune et frais génie de Mozart,
dont la mélodie était elle-même fille de l'Italie; elle allait
acclamer, dans Weber, la pure et véritable expression de
son propre génie musical et dramatique.

Weber, ce grand penseur dans le drame lyrique, possé-
dant d'ailleurs les qualités particulières de style qu'exige le
théâtre, fut en réalité le père de l'art dramatique allemand proprement dit. Véritable fils de Gluck quant à la
pensée qui le guidait, Weber fut le premier, depuis ce grand
novateur, qui changea complétement sur la scène les formes
mélodiques auxquelles les oreilles étaient habituées; ses
mélodies si simples, même quand elles expriment les sentiments les plus tumultueux de l'âme, indiquent qu'il faut
faire remonter le *Freyschütz* jusqu'à la théorie de l'auteur
d'*Alceste.* Quand son opéra du *Freyschütz* fut représenté en
France, en 1841, l'on y était déjà initié par Meyerbeer à
une conception plus élevée de l'art dramatique, et l'on devait y accueillir avec faveur tout ce qui rappelait une forme
nouvelle. Si cette grande figure trouve sa place ici, c'est que
l'influence de son œuvre sur celle de Meyerbeer a été con-

sidérable, et qu'elle s'est étendue jusqu'à l'école moderne, soit directement, soit à travers l'auteur des *Huguenots*. Meyerbeer, élève du frère de Weber, admirateur et ami du grand musicien, lui a emprunté sa recherche de l'expression dans la mélodie et sa science dans le travail de l'orchestration.

De même que l'opéra de *Guillaume Tell* doit être considéré comme un phénomène isolé, de même l'œuvre entière de Meyerbeer mérite d'occuper une place spéciale dans l'histoire de l'art. L'étude des productions de ce grand compositeur est plus qu'intéressante : elle est instructive ; car elle montre que le plus vigoureux génie est sujet à errer, quand il ne fonde pas son œuvre sur la base inébranlable d'une conception esthétique arrêtée. Il ne suffit pas, pour devenir chef d'école, de laisser derrière soi des chefs-d'œuvre ; il ne suffit même pas d'apparaître à l'instant favorable ; il faut plus : il faut avoir un but et y marcher sans détours ; il faut posséder une vérité et se consacrer tout entier à la faire prévaloir. Meyerbeer n'a pas compris cette haute mission de l'artiste, et c'est pourquoi son œuvre s'est terminée avec lui. Il n'a pas eu la gloire de Weber, le fondateur de l'école allemande ; car celle de fonder une école française moderne lui a échappé, bien qu'il fût plus à même que tout autre d'y aspirer.

On peut, en effet, classer les musiciens dramatiques en deux catégories : dans l'une seraient rangés ceux qui ont assis leur œuvre sur une théorie bien déterminée, soit qu'ayant à leur service la lyre et la plume, ils aient proclamé, comme Gluck, ce qu'ils voulaient faire, soit que leurs productions portent en elles-mêmes l'affirmation d'une esthétique unique ; à l'autre appartiendraient les compositeurs qui n'ont eu d'autre règle que l'inspiration du moment, et qui ont su se plier au goût du jour. Aux premiers, échoit la lutte — lutte soutenue avec cette fière conviction de l'homme qui sent en lui une idée, qui l'aime et qui veut la faire triompher. Ceux-ci trouvent dans les défaites mêmes le courage nécessaire pour tenter de nouveaux efforts. Des ovations enthousiastes, au contraire, accueillent les seconds, jusqu'à ce que la recherche de la popularité les amène à s'engager dans des voies funestes. Mais la postérité, impartiale dans ses jugements, sépare un jour l'ivraie du bon grain : n'inscrivant au livre de l'immortalité que les impérissables chefs-d'œuvre, elle laisse tomber dans le gouffre de l'oubli les productions médiocres des artistes qui n'ont pas su respecter leur génie. Gluck et Berlioz appartiennent à la première catégorie; Meyerbeer semble se rapprocher de la seconde. C'est à ce point de vue qu'il faut se placer, si l'on veut porter un jugement à la fois équitable et rationnel sur l'œuvre de ce grand musicien. Comment, en effet, pourrait-on s'expliquer que la même plume ait écrit *les Huguenots* et *l'Étoile du Nord*, si Meyerbeer avait édifié son œuvre sur une théorie bien établie. Comprendrait-on que, dans le même opéra, on rencontre à côté de beautés sans pareilles, des recherches d'effets indignes de son génie, si l'on ne savait que l'auteur, préoccupé avant tout du succès, ne regardait pas aux moyens employés pour le conquérir? Comment, enfin, s'expliquerait-on que pas un seul musicien ne se soit engagé dans la voie tracée par l'auteur du *Prophète*, si l'on ne se rendait compte de ce que, dans l'œuvre de Meyerbeer, on ne trouve que Meyerbeer lui-même. C'est là le seul moyen de s'expliquer l'inégalité de son génie, c'est le seul moyen de comprendre comment il a pu se faire que *les Huguenots* et *le Prophète*, ces produits de la plus puissante individualité musicale du siècle, n'aient inspiré que de très-loin les compositeurs modernes.

Meyerbeer, né à Berlin en 1794, fit ses études musicales sous la direction de l'abbé Vogler et du frère de Weber. C'est à cette école qu'il puisa les éléments de cette conception supérieure dont, parmi ses œuvres, *le Prophète* et *les Huguenots* devaient offrir par la suite les applications les plus parfaites. Cependant Meyerbeer parut d'abord vouloir suivre une tout autre voie. A peine son instruction musicale était-elle terminée, qu'il se rendit en Italie, où il écrivit les opéras qui constituent sa première manière — manière tout à fait italienne, dont *il Crociato* est l'exemple le plus connu. Ces œuvres furent accueillies avec une grande faveur par le public italien, mais ses anciens amis, Weber, Mendelssohn et le grand Beethoven le renièrent en le traitant de transfuge de l'art allemand. Il faut supposer que le génie de Meyerbeer ne se sentait pas à l'aise dans le vêtement étriqué de l'art italien, car tout à coup, dédaignant les lauriers si facilement conquis au delà des Alpes, il se rendit à Paris. Peut-être, aussi, se rendait-il compte de ce que le moment était venu où le public français serait disposé à accueillir une rénovation qui replacerait le drame musical dans la voie perdue depuis si longtemps. C'est ainsi que *Robert-le-Diable* fut représenté en 1831. A propos de cet opéra, M. Félix Clément, dans sa *Biographie des Musiciens,* s'exprime en ces termes : « *Robert-le-Diable* était plus qu'une partition admirable, « c'était le point de départ d'une nouvelle école, une con- « ception sans précédents. La science harmonique alle- « mande, pouvait-on croire, avait dit son dernier mot dans « les symphonies de Beethoven. Eh bien, non : il lui man- « quait d'être appropriée à l'action dramatique, et ce fut « Meyerbeer qui lui fit faire ce progrès. Héritier de Gluck,

« en ce sens que, comme l'auteur d'*Orphée,* il cherche sur-
« tout l'expression, son originalité consiste à la mettre dans
« l'accord et non dans la phrase mélodique. On ne peut
« nier que cette façon de comprendre la composition n'ait
« élargi le domaine de l'art musical. »

L'étonnement que souleva *Robert-le-Diable* à son apparition, fit bientôt place à une admiration qui ne s'est pas
lassée jusqu'à nos jours. Quelques représentations suffirent
pour faire franchir au public l'énorme distance qui séparait
les opéras italiens et français de l'œuvre nouvelle. C'était
une preuve évidente que Meyerbeer arrivait à l'heure voulue. Sa réputation se trouva donc établie du premier coup
sur une base solide, et dès lors son génie put se déployer
en toute liberté. Quoique l'auteur de *Robert* se fût attaché
dans cet opéra — qui préluda à sa deuxième manière ou
manière française — à atteindre la vérité de l'expression
dramatique et à faire concourir l'orchestre à l'exposition
scénique, ses mélodies se ressentaient encore de sa manière
italienne. Les romances du premier acte, les airs d'Isabelle
et l'air d'Alice : « Quand je quittai ma Normandie, » accusent
des rhythmes cadencés et vieillis. Mendelssohn, particulièrement, jugeait très-sévèrement *Robert-le-Diable,* auquel il
reprochait son manque d'unité de style. Du reste, Meyerbeer
adopta dans cette œuvre, comme dans toutes les autres, et
la structure de l'opéra italien, et les ornements parasites
de cette école. Ce sont certainement ces concessions faites
au goût et aux habitudes du public d'alors, qui le firent
accepter, quoique novateur, sans qu'une lutte semblable à
celle des Gluckistes et des Piccinistes ait signalé son
avénement.

Les œuvres de la seconde manière de Meyerbeer sont
trop connues pour qu'il ne soit pas superflu de les rappeler

ici. *Robert-le-Diable, les Huguenots, le Prophète*, et *l'Africaine*, œuvre posthume bien que composée longtemps avant sa mort, tels sont les chefs-d'œuvre qui transmettront la mémoire du maître jusqu'à la postérité la plus reculée. A côté et, dans l'ordre chronologique, à la suite de ces opéras, on regrette de devoir citer *l'Étoile du Nord* et *le Pardon de Ploërmel*. On regrette plus encore que l'imperfection de ces dernières œuvres soit due, moins à un affaiblissement de l'inspiration du maître, qu'à une exagération de l'un des caractères typiques de sa manière, c'est-à-dire à sa préoccupation d'enlever les suffrages du public par la recherche de l'effet, par le tour de force vocal, par des procédés, en un mot, contraires à cette sobriété qui est un des caractères du grand art.

Faire l'éloge des chefs-d'œuvre cités plus haut serait une entreprise aussi banale qu'inutile ; faire la critique de *l'Étoile du Nord* et du *Pardon de Ploërmel* serait facile, mais ne présenterait guère plus d'intérêt. En jugeant l'œuvre de Meyerbeer, la critique a un rôle plus sérieux à remplir : elle doit examiner comment le même génie a pu produire, à côté d'inimitables chefs-d'œuvre, des opéras à peine estimables, en faisant usage d'un même ensemble de procédés tant dramatiques que musicaux. C'est dans l'examen des caractères distinctifs de la musique du maître, que l'on trouvera la réponse à cette question, dont l'importance au point de vue de la marche progressive de l'art est incontestable.

Le caractère le plus saillant de l'œuvre de Meyerbeer est évidemment l'introduction du travail symphonique sur la scène lyrique française. Sous ce rapport, le maître a non-seulement produit des pages admirables, mais encore il a atteint ce point culminant de l'art où l'orchestre participe à l'action elle-même, soit en complétant et en développant la partie vocale, soit en éclairant d'un rayon de lumière les caractères des personnages par une formule symphonique qui les précède et les accompagne dans leur passage à travers les péripéties du drame. Le second caractère de son œuvre est une recherche constante de la vérité dans l'expression dramatique — recherche presque toujours couronnée de succès, même dans les opéras qui marquent la fin de sa carrière. Par le premier de ces caractères, Meyerbeer s'est rapproché de Beethoven, sans atteindre cependant à sa hauteur; par le second, il s'est rapproché de Gluck, en se rapprochant parfois assez près de l'auteur d'*Alceste* pour qu'on puisse dire qu'il l'ait égalé.

Il n'en faut pas davantage pour expliquer *les Huguenots* et *le Prophète :* à quelle hauteur ne peut-on atteindre en unissant le génie symphonique de Beethoven au génie dramatique de Gluck? Mais si Meyerbeer avait hérité de ce dernier l'expression vraie du sentiment humain, il ne sut pas l'imiter dans cette simplicité grandiose qui constitue le trait caractéristique des œuvres du célèbre auteur d'*Orphée*. Non content de déployer la puissance et les richesses de la symphonie dans la partie orchestrale de ses opéras, il voulut faire participer le chant au travail des instruments. Au lieu d'exprimer simplement les sentiments des personnages dans des phrases mélodiques bien dessinées, il a visé à des effets puissants, sans doute, mais où toute vraisemblance est sacrifiée au triomphe de difficultés qui étonnent le public plus qu'elles ne le touchent. On peut citer, entre autres, comme preuve à l'appui de ce que l'on avance ici, certaines parties du *Prophète,* telles que le duo de Fidès et de Bertha au quatrième acte, telles que le trio de la prison et l'air de Bertha au cinquième. Ces morceaux sont certainement admirables ; mais qui oserait les comparer au duo de Valentine et de Raoul, ou au trio entre Marcel, Raoul et Valentine, où le maître s'est élevé, dans plusieurs passages, jusqu'aux sommets de la plus sublime inspiration? Ce déploiement du travail musical est un des principaux reproches à adresser à Meyerbeer, qui semble n'avoir pas compris, ou n'avoir pas senti, que les procédés de facture doivent être tout différents, selon qu'il s'agit de l'orchestre ou du chant. Il n'est possible d'émouvoir réellement l'âme que par un chant dont la simplicité mette à découvert l'action dramatique : et c'est à l'orchestre à en masquer la nudité, en ce qu'il pourrait avoir de trop aride, par une exubérance de détails et d'effets. Cette théorie, dont Meyerbeer s'est trop souvent écartée, est cependant celle du grand art ; c'est celle que tend à suivre l'école moderne, et il est juste de dire que, chaque fois que Meyerbeer ne s'en est pas écarté, il s'est élevé aussi haut que jamais musicien dramatique soit monté.

Meyerbeer ne s'est d'ailleurs pas toujours contenté de se servir des voix humaines comme on se sert d'instruments orchestraux, au lieu de les consacrer exclusivement à l'exposition du drame et à la traduction des sentiments des personnages. Trop préoccupé de l'effet, il a souvent écrit les rôles de ses opéras pour des voix exceptionnelles, afin de frapper le public par l'*extraordinaire*. Il y aurait beaucoup à dire sur ces tours de force, si recherchés par les compositeurs de la première moitié de ce siècle, tant applaudis par le public. Mais il est inutile de discuter cette question, que l'école moderne tout entière résout dans un sens plus conforme et à la pensée qui inspire ce travail, et surtout au véritable but du grand art dont Gluck et Weber se sont avant tout préoccupés.

Le reproche que Mendelssohn adressait à l'opéra de

Robert-le-Diable, peut être étendu à l'œuvre entière de Meyerbeer. On trouve, en effet, dans toutes ses compositions lyriques, un mélange des styles les plus divers. Dans *les Huguenots* même, on rencontre des mélodies purement italiennes à côté de chants vraiment originaux. Il y a plus : même dans cette œuvre, Meyerbeer n'a pas craint d'interrompre le développement mélodique et symphonique de l'action, par des roulades que la sévérité même du sujet semblait devoir proscrire. Dans son désir inquiet de voir acclamer ses œuvres, ce grand maître usait des procédés les plus divers, du moment qu'il espérait en voir sortir le succès. Cette préoccupation, qui le portait à la recherche de l'effet à outrance, était poussée chez lui à un point extrême. Dans le cours des répétitions d'un de ses opéras, s'apercevant que le décor d'une des principales scènes laissait à désirer comme fraîcheur, il s'en plaignit au directeur en l'accusant de désespérer sa pièce, puisqu'il ne faisait aucun frais pour sa mise en scène. Peu de temps après, le décor incriminé fut remplacé par un autre d'une splendeur inaccoutumée. Nouvelle plainte de Meyerbeer, qui prétendit que décidément on croyait sa musique mauvaise, puisqu'on recherchait le succès dans des effets complétement en dehors de son œuvre.

Ce n'est évidemment pas avec de telles préoccupations qu'un génie, fût-il de la trempe de celui de Meyerbeer, est assuré de se maintenir à la hauteur qu'il a su atteindre dans les moments d'inspiration élevée. Meyerbeer portait donc en lui-même les germes de sa propre décadence, et c'est ce qui explique pourquoi il ne peut être classé parmi les chefs d'école, bien que ses productions aient eu une certaine influence sur celles des autres compositeurs de l'école de transition. D'ailleurs, la préoccupation exclusive de plaire

au public est un danger dans tous les arts. Loin de guider
l'artiste, le public doit être guidé par lui. Son admiration
ne doit pas être implorée : elle doit être imposée. La gloire
de Meyerbeer est d'avoir appris au public français un art
nouveau, et cet enseignement, il l'a donné par *Robert-le-
Diable* et par *les Huguenots*. Arrivé à ce point culminant de
sa carrière, Meyerbeer n'a pas osé s'avancer plus loin dans
la voie du grand art. Un pas de plus, après le dernier de ces
opéras, et les formules mélodiques italiennes étaient suppri-
mées, le dialogue s'étendait sans interruption sous la forme
de la mélopée, et l'orchestre, manié par une si puissante
main, entrait dans son véritable rôle de renforcer l'expression du sentiment dramatique, en faisant pénétrer dans
l'âme les sensations mystérieuses que la parole est impuissante à exprimer. Ce pas, Meyerbeer n'a pas osé le faire.
A-t-il craint de n'être pas suivi par le public, ou la forme
particulière de son génie, les souvenirs de sa première manière, l'ont-ils empêché de s'élever jusqu'à la conception
esthétique de Gluck ? On ne saurait le dire. Ce qui est certain, c'est qu'à partir du *Prophète*, les productions du maître
accusent de plus en plus le caractère d'une recherche presque
exclusive du travail et de l'effet. Dans cette voie, le génie de
Meyerbeer allait rapidement décliner dans des productions
telles que *l'Étoile du Nord* et *le Pardon de Ploërmel*. On
peut y reconnaître l'habileté et le coloris original du maître ;
mais on peut aussi les caractériser en disant qu'elles sont
l'antipode de la sobriété. Or, la sobriété est le caractère
essentiel auquel se reconnaissent les génies créateurs appelés à transmettre à une génération nouvelle les principes
fondamentaux d'une doctrine supérieure.

Dans cette longue analyse de l'œuvre de Meyerbeer, on
a placé *les Huguenots* comme point culminant de sa carrière

artistique. Or, les opinions sont divisées sur les mérites
relatifs de cet opéra et du *Prophète :* tandis que certains
critiques semblent aujourd'hui donner la palme à ce dernier,
le public paraît plutôt favorable aux *Huguenots.* Ce fait, à
lui seul, fournit déjà une base d'appréciation dont la valeur
est incontestable. Sans aucun doute, lorsqu'une œuvre absolument nouvelle se présente, le jugement du public peut
être récusé ; car dans tout art, une période d'initiation est
nécessaire : il faut apprendre à entendre, comme il faut
apprendre à voir, comme il faut apprendre à parler, à lire
ou à écrire. Cet apprentissage est d'autant plus long, que
l'on est moins préparé, par des études antérieures, à saisir
le « pourquoi » et le « comment » d'une conception nouvelle. Au début de toute innovation dans une branche quelconque de l'art, le jugement du critique l'emporte donc sur
celui du public. Mais, lorsque le public a consenti à écouter
et, par conséquent, à comprendre, son jugement est souverain ; car c'est, en définitive, pour la masse et non pour
quelques individus isolés, que le génie produit ses chefs-
d'œuvre. Le compositeur a le droit d'accuser d'ignorance
et d'injustice la masse qui le condamne sans l'entendre ;
mais, lorsque après avoir été entendu, et suffisamment
entendu, il reste condamné, il doit s'en prendre à son im-
puissance : il a parlé une langue inintelligible pour ceux
auxquels il s'adressait, et l'approbation des connaisseurs
n'empêche pas qu'il ait manqué son but. Or, Meyerbeer a
eu la rare bonne fortune d'être écouté alors qu'il parlait une
langue nouvelle. Il peut donc en appeler au public, et
c'est le public qui est le seul et vrai juge du mérite relatif
de ses œuvres, parce qu'il les écoute et les comprend. La
supériorité des *Huguenots* sur *le Prophète* est donc établie
sur une base dont il est difficile de contester la valeur, à

moins de nier que le but de toute production théâtrale soit d'impressionner les masses.

La cause de cette différence d'appréciation entre le public et les connaisseurs est intéressante à approfondir. Tandis que les critiques apprécient généralement les productions de l'art au point de vue de leurs connaissances spéciales, le public ne les juge que d'après l'impression qu'elles lui font ressentir. Initiés à tous les secrets de la composition, les premiers accordent souvent une trop grande valeur à la science déployée dans le travail de l'orchestre et aux difficultés du chant. Sous ce rapport, *le Prophète* est incontestablement supérieur aux *Huguenots,* et le jugement des critiques se trouve ainsi justifié. Le public, au contraire, se préoccupe beaucoup moins des difficultés vaincues que de l'impression générale produite sur lui; et comme la force de cette impression résulte du caractère d'unité et de simplicité final imprimé à l'œuvre, il en résulte que l'effort de la science doit aller jusqu'à produire l'effet simple par les moyens les plus compliqués. Dans l'art du drame lyrique, comme dans tous les autres arts, c'est là qu'est le *summum* de la perfection. C'est à cette condition, seulement, que l'œuvre frappe dès la première audition par un cachet de grandeur; et cette impression une fois produite, chaque audition nouvelle fait découvrir des beautés sans nombre, qui jaillissent de l'œuvre comme les étincelles d'un diamant que l'on peut regarder sous toutes ses faces sans que son éclat en soit amoindri. Les œuvres qui donnent du premier coup tout ce qu'elles peuvent donner, ne tardent pas à produire un sentiment de fatigue et d'ennui; seules, celles qui frappent d'abord comme une révélation un peu confuse peut-être, mais qui s'explique, s'éclaire, se développe à la longue, seules ces œuvres ont l'éternité devant elles. *Les*

Huguenots sont supérieurs au *Prophète*, parce que c'est dans le premier de ces opéras que le maître a atteint à cette expression suprême de l'art, d'arriver par la science la plus consommée au degré de sobriété que comportait son génie.

Mais *les Huguenots* ont encore sur *le Prophète* un autre élément de supériorité. Des deux parties que comporte un drame lyrique : le poëme et la musique, une seule semblait autrefois digne de l'attention des spectateurs. Que demandait-on au poëme, déshonoré par l'appellation de « livret, » si ce n'était d'offrir un nombre voulu de thèmes aux airs, aux romances, aux duos? Plus tard, on exigea quelques situations dramatiques ; c'était un progrès; mais on ne s'inquiétait guère encore de la manière dont ces situations étaient reliées entre elles. Il était dans l'ordre des choses que le public devînt plus difficile; car si une génération entière s'est délectée aux comédies dites d'intrigue, dans lesquelles toute l'action repose sur un malentendu, on exige aujourd'hui, avec raison, que la trame se développe par des moyens moins enfantins. On est déjà las des ficelles usées, et bientôt on exigera que le drame repose exclusivement sur le développement forcé des caractères dans les diverses situations. Or, ces exigences doivent aussi se porter sur le drame lyrique, dont la condition essentielle est d'offrir une action qui intéresse et émeuve par elle-même. On n'en est plus au temps où l'on disait « que ce qui est trop sot pour être dit, on le chante ! » Pour que des sentiments puissent être exprimés par la musique, il faut que ces sentiments existent réellement chez les personnages qui doivent les traduire. Il y a plus : une composition dramatique, en prose ou en vers, dissimule quelquefois des invraisemblances ou des négligences par l'esprit et le charme des dialogues, par ces petits moyens que l'on désigne, dans l'argot des coulisses, sous le nom de « ficelles. » Le drame lyrique ne peut guère se permettre ces licences. Là, il faut que le drame se dénoue simplement et, pour ainsi dire, par la seule action combinée de la donnée générale et des individualités qui s'y meuvent. Des épisodes même ne peuvent y être introduits qu'avec une sage économie, et pour autant qu'ils se rattachent à la donnée générale par des liens tellement étroits qu'ils paraissent indispensables à la marche de l'action vers le dénoûment. C'est à ces conditions que le compositeur peut, non pas seulement charmer les oreilles, mais pénétrer jusqu'à l'âme ; qu'il peut laisser de côté tous les remplissages inutiles, pour consacrer tous les efforts de son génie à la recherche de l'expression vraie, cette pierre de touche du grand art.

Sous ce rapport, il est hors de doute que *les Huguenots* possèdent sur *le Prophète,* ainsi que sur toutes les autres œuvres de Meyerbeer, une grande supériorité. On y sent la main habile de Mérimée, qui, dans son roman intitulé : *Une Chronique du Règne de Charles IX,* en a fourni la donnée première. Nul doute que ce poëme, indépendamment de la musique, constituerait un drame magnifique. En est-il de même du *Prophète ?* En admettant, à la rigueur, que le fond du sujet, c'est-à-dire la guerre des Anabaptistes, puisse passionner un public dont la majeure partie n'en a jamais entendu parler, qui n'aperçoit, dès l'abord, que les amours de Jean de Leyde et de Bertha en constituent un épisode des moins intéressants ? Et c'est, cependant, cet épisode qui constitue la charpente du drame ! Puis, que d'invraisemblances dans le développement des caractères, et comment le public pourrait-il s'intéresser à une action si mal conduite, qu'elle n'a pu fournir au musicien lui-même des inspirations vraiment pathétiques dans les moments où les situations semblent cependant en exiger davantage? Le trio de la prison, alors que les trois personnages se trouvent réunis dans une situation des plus dramatiques, est une preuve irrécusable de cette vérité : qu'une scène bien faite peut seule inspirer complétement le musicien. En outre, il ne faut pas oublier que, tant que le chant ne sera pas arrivé à la pure mélopée, tant que les paroles ne seront pas exactement scandées par la mélodie, tant que celle-ci sera surchargée d'oripeaux, tant que les personnages mêleront leurs voix en chantant ensemble, une bonne partie du récit ne sera pas comprise par les spectateurs. Qui peut se flatter d'entendre exactement les paroles que chantent les acteurs dans une partie d'ensemble? Enfin la vieille et injustifiable méthode de répéter à satiété les mêmes phrases, empêche de donner au récit le développement voulu pour initier le spectateur à toutes les pensées des personnages.

Meyerbeer avait sans doute un sentiment très-profond de ces vérités, car il ne manquait jamais de collaborer, pour ainsi dire, avec l'auteur des livrets sur lesquels il écrivait sa puissante musique. Son librettiste habituel était Scribe; mais le musicien fournit plus d'une fois des inspirations au poëte. On raconte à ce sujet une aventure piquante, qui tend à enlever à ce dernier une bonne part dans la gloire de son chef-d'œuvre. Pressé par Meyerbeer de faire quelques changements au poëme des *Huguenots* tandis qu'il se trouvait en villégiature, il ne répondit pas assez vite à l'appel qui lui était adressé. Impatienté par ces retards, Meyerbeer chargea Émile Deschamps de remanier quelques scènes sous sa direction. Cette collaboration accidentelle nous a valu, pour n'en citer que quelques exemples, le duo de Marcel et de Valentine, l'immortel duo du quatrième acte, et le trio funèbre du cinquième.

La France s'honore d'avoir été la patrie artistique de Meyerbeer. Il était donc juste de réserver à ce grand génie une place importante dans ce travail, en accusant, par un trait vigoureux, le caractère d'une des plus grandes personnalités musicales que le monde ait produites.

VII

Entre l'apparition de *Guillaume Tell* et de *Robert-le-Diable,* et l'avénement de l'école moderne, le drame lyrique en France a passé par un état transitoire, dont les caractères principaux doivent actuellement être mis en relief.

C'est le propre de toute école de transition de produire des œuvres de caractères très-divers. Tant qu'un homme de génie n'a pas frayé la voie nouvelle, les compositeurs qui l'ont cherchée, quelquefois entrevue, errent à l'aventure, puisant à toutes les sources, combinant de toutes les manières possibles les procédés vieillis, dans l'espoir d'arriver ainsi à faire du nouveau. Il en résulte tout d'abord une grande difficulté dans le classement des caractères d'une semblable école, et cette difficulté est d'autant plus considérable que chaque compositeur adopte une manière propre. Souvent même, les diverses œuvres d'un musicien ont tellement peu de rapports entre elles, que l'on s'étonne qu'un même cerveau les ait enfantées. Force sera donc de s'appesantir sur les caractères généraux de cette école plutôt que sur les œuvres des compositeurs qui l'ont illustrée, contrairement à ce qu'on a pu faire jusqu'ici. Toutefois, il sera possible d'indiquer les principales sources auxquelles les Halévy, les Félicien David, les Ambroise Thomas et tant d'autres, ont puisé dans l'élaboration de leurs œuvres dramatiques.

Un génie de la puissance et de l'originalité de Meyerbeer ne domine pas un art pendant de longues années, sans que quelques semences, tombant sur des terres fertiles, n'en fassent germer des productions qui gardent la saveur du sol sur lequel elles ont fructifié. Quoique n'étant pas arrivé, faute d'une esthétique suffisamment définie, à fonder une école, cette puissante personnalité artistique a eu une influence réelle sur les œuvres dramatiques du rameau qui s'est détaché de l'école française précisément à la suite de l'apparition de ses œuvres.

Cette influence a été très-variable : toute-puissante sur l'œuvre d'Halévy, elle s'est affaiblie graduellement, jusqu'à n'être plus sensible, dans les œuvres de ces dernières années, que pour des oreilles très-exercées — et cela dans le travail orchestral plutôt que dans la forme mélodique. Sous ce dernier rapport, l'école de transition n'a pas tardé à abandonner Meyerbeer pour se rapprocher de plus en plus de Mendelssohn. Depuis longtemps l'Allemagne était entraînée par ce jeune maître vers une forme mélodique absolument nouvelle. Cette forme, caractérisée par un système de modulations continues qui s'écartent sans cesse du ton principal, par des variations fréquentes dans le rhythme, qui donnent à la musique du maître un caractère essentiellement expressif, par une distinction, un charme, une poésie, répandus comme un parfum dans toutes ses productions, a apporté à l'art un élément nouveau dont l'influence est facilement reconnaissable, non-seulement dans les œuvres de l'école de transition, mais plus encore peut-être dans celles de l'école moderne.

D'un autre côté, les compositeurs appartenant à l'école

de transition n'ont pas su toujours se garder de l'écueil contre lequel sombrait, à cette époque même, l'ancienne école française, c'est-à-dire de l'imitation de l'art italien. Meyerbeer, on le sait, en avait plus d'une fois donné l'exemple. Il est juste cependant de dire que, tout en conservant la structure de l'opéra italien, l'école de transition s'est de plus en plus dégagée de ses procédés de facture et de ses formules mélodiques. Sauf d'assez rares exceptions, telles que *le Songe d'une Nuit d'Été* et *la Reine Topaze,* qui, sous ce rapport, se rapprochent des productions de la décadence, l'école de transition a évité l'abus de la vocalise. On peut même constater que, dans les dernières œuvres parues, la structure italienne elle-même s'est effacée dans quelques-uns de ses caractères principaux. Le récitatif italien, privé de tout élément musical et dramatique, déjà si heureusement modifié par Rossini dans *Guillaume Tell,* et par Meyerbeer dans tous ses opéras, disparaît presque complétement de la scène, où il est remplacé tantôt par des phrases plus mélodiques et plus expressives avec accompagnement en trémolo, tantôt, mais plus rarement, par une véritable mélopée.

Les autres caractères de l'école de transition, ne s'appliquant pas à la généralité des productions dramatiques qui y appartiennent, mais plutôt aux œuvres des différents maîtres qui l'ont illustrée, voire même à des compositions isolées, seront mis dans un relief suffisant par l'analyse succincte des opéras qui ont paru sur la scène française depuis 1830 jusque dans ces dernières années.

Si, parmi les maîtres de l'école de transition, il en est un qui puisse être considéré comme le disciple de Meyerbeer, c'est à coup sûr Halévy. *La Juive,* représentée en 1835, se ressent dans sa belle orchestration, dans ses grands airs à effets, enfin dans la vérité de son expression dramatique, de toutes les qualités que l'auteur de *Robert-le-Diable* porta à un si haut degré. On peut dire du chef-d'œuvre d'Halévy que, de même que les opéras de Boïeldieu ont donné le ton à l'opéra-comique pendant de longues années, de même *la Juive* est restée jusqu'ici le type du grand opéra français. A ce titre, le grand succès qui l'accueille encore aujourd'hui est justifiable. D'ailleurs, malgré les très-grandes beautés éparses dans les œuvres postérieures d'Halévy, dans *la Reine de Chypre*, dans *Charles VI*, etc., ces opéras ne présentent rien de comparable au finale du premier acte, surtout au deuxième acte de *la Juive*, dont les pages comptent parmi des plus belles de l'art lyrique français. Un bijou de grâce, de sentiment, d'humour et de mélodie, *l'Éclair*, représenté la même année que *la Juive*, a montré que le génie d'Halévy pouvait passer du drame à la fine comédie. Dans *l'Éclair*, le maître s'est évidemment rapproché de la manière de l'ancienne école française, dont il a presque atteint la pureté et la sobriété. Pareil éloge ne peut être adressé à une œuvre subséquente, aux *Mousquetaires de la Reine*, remarquable surtout par une tendance à se rapprocher du grand opéra, tendance dont il convient de dire ici quelques mots.

C'est un fait assez remarquable pour n'avoir échappé à aucun critique, que le genre du grand opéra n'a inspiré jusque dans ces derniers temps que peu de compositeurs français. A partir de Rameau, et si l'on en excepte Auber, qui s'y essaya dans *la Muette de Portici*, Halévy a été le seul qui y ait conquis une véritable célébrité. Ce n'est que vers la fin de la période de transition, qu'on les voit aborder plus franchement le grand art, avec Félicien David dans *Herculanum*, et M. Ambroise Thomas dans *Hamlet*. Cependant le mouvement musical amené par la vulgarisation de l'œuvre de Beethoven et par l'entrée en scène de Meyerbeer, devait nécessairement porter les compositeurs à développer la partie orchestrale de leurs œuvres, et, dans ce but, à choisir des livrets dont la donnée se prêtât, par un caractère quelque peu épique, historique ou dramatique, à un développement de moyens et de procédés que semble exclure une action dénuée de toute grandeur. Cette tendance, jointe à la difficulté d'être reçu directement au Grand-Opéra, — où l'on pouvait craindre, en outre, des comparaisons par trop défavorables, — engagea l'opéra-comique dans une voie qui élargissait un peu sa forme aussi étroite que contraire, comme on l'a vu, à certaines conditions essentielles de la vérité dans l'art. Un genre mixte, qu'on désigne sous le nom « d'opéra lyrique, » et qui fut mis très en honneur par M. Gounod dans de nombreuses productions, fit de certains opéras-comiques de véritables grands opéras, aux récitatifs près, tant par le sérieux du sujet, que par l'importance du travail orchestral. C'est vers cette époque, aussi, que la création intelligente du Théâtre-Lyrique, réclamée par tous ceux qui s'intéressaient à l'avenir de l'art français, vint rapprocher les deux formes de la musique dramatique, le grand opéra et l'opéra-comique, rendues si mal à propos irréconciliables par l'attribution, à chacune d'elles, de scènes différentes. Sous une direction éclairée, ce théâtre devint l'asile hospitalier ouvert à tous les jeunes talents. C'est là que la phalange de nos artistes contemporains fit ses premières armes. C'est là que l'école de transition, aplanissant la voie à de plus hardis successeurs, précéda l'avénement de l'école moderne, dont le chef en France, après avoir préparé le public à la rénovation musicale par des œuvres charmantes, telles que *Sapho,* allait, par l'apparition de son *Faust* même sur ce théâtre, ouvrir les portes de l'avenir.

Parmi les musiciens de l'école de transition, la première place doit être donnée à Félicien David. Ce compositeur dont la France musicale pleure la perte récente, semble avoir résumé dans ses œuvres les caractères progressifs de cette école; on pourrait même le considérer comme son chef, si ce n'était abuser d'un titre réservé à de rares prédestinés. Il serait plus juste, peut-être, de le regarder comme un précurseur de l'école moderne, avec laquelle plusieurs de ses compositions offrent de nombreux points de contact.

Ce fut en 1844, après de longues années de luttes et de travail obscur, que Félicien David fit jouer une ode symphonique intitulée *le Désert,* souvenir harmonieux et mélodique d'un long séjour en Orient. L'apparition de cette œuvre fut un événement : outre qu'à cette époque les conceptions musicales en dehors du théâtre n'inspiraient guère les compositeurs français, la nouveauté des formes rhythmiques, la couleur locale des mélodies, l'intention descriptive de l'orchestration, tout, dans *le Désert,* devait étonner un public pour lequel l'opéra italien était encore l'expression la plus complète de la musique. Berlioz seul était capable de pénétrer l'intention qui a présidé à l'œuvre géniale de Félicien David : dès l'apparition du *Désert,* l'auteur de la *Symphonie Fantastique,* qui suivait le même chemin, saluait du nom de chef-d'œuvre cette inspiration poétique qui semblait assigner à la musique le rôle tout moderne de rendre la poésie et l'idéal par la sensation. Si ce n'était sortir du cadre d'un sujet spécialement consacré à la musique dramatique, il serait aisé de faire comprendre que *le Désert,* tant par sa conception première que par les moyens mis en œuvre pour arriver aux effets qui viennent d'être indiqués, a le même point de départ que les productions dramatiques qui agitent, en ce moment, le monde musical en Allemagne.

Certes, si les œuvres postérieures de Félicien David offraient, à un même degré, des tendances semblables à celles qu'accuse *le Désert,* ce maître devrait être rangé parmi les chefs du mouvement actuel en France. Quoi qu'il en soit, cette ode était, à l'époque où elle parut, le premier exemple d'une œuvre de musique descriptive, et il est certain que jamais peintre avec son pinceau, que jamais poëte avec sa plume, n'ont mieux rendu l'Orient que Félicien David, dans *le Désert* et dans *Lalla-Rouk,* par ses poétiques mélopées, par son chant vague et langoureux, par ses harmonies de rhythmes mollement cadencés. La marche de la silencieuse caravane du *Désert* ne revient-elle pas aux oreilles devant une toile de notre pauvre Fromentin, cet autre poëte de l'Orient ?

Quatorze années s'écoulèrent entre l'apparition du *Désert* et celle d'*Herculanum,* l'œuvre dramatique la plus importante du maître. Pendant cette période, l'art français avait été presque stérile, principalement dans le genre du grand opéra, et l'on aurait pu croire que cette admirable partition recevrait un accueil empressé d'un public sevré depuis longtemps de nouveaux chefs-d'œuvre. Le succès qui l'accueillit ne répondit pas tout à fait à cette légitime espérance. Cependant *Herculanum* est une des œuvres les plus importantes de l'école de transition, dont elle met en lumière non-seulement les qualités, mais encore les défauts, c'est-à-dire le manque de grandiose dans l'inspiration, l'esthétique mal définie, et l'on pourrait ajouter, cet indéfinissable malaise qui, s'emparant même des meilleurs artistes, marque les périodes d'attente.

Si *Herculanum* est l'œuvre dramatique capitale du maître, elle n'est pas celle où se révèle le plus la marche progressive de l'art vers un autre idéal. Dans l'opéra de

Lalla-Rouk, représenté en 1862, Félicien David a semé, sur un frais et gracieux poëme, les rêveries orientales les plus suaves et les plus mélodieuses. C'est dans cette œuvre, que viennent malheureusement interrompre des récitatifs parlés, que Félicien David a inauguré cette forme mélodique dont il a été question plus haut et qui constitue un des caractères principaux de la nouvelle école française. En résumé, l'influence de Félicien David sur les œuvres contemporaines, quoique latente, n'en est pas moins très-réelle. Mais il manquait à l'auteur du *Désert* cette fécondité par laquelle les novateurs affirment leurs théories en entassant leurs œuvres comme autant d'arguments destinés à convaincre leurs auditeurs. Il était un prêtre de son art, et jamais la vaine recherche du succès ne l'amena à produire lorsque la muse ne venait pas l'inspirer.

L'œuvre de M. Ambroise Thomas est une preuve frappante du désarroi qui s'était emparé des esprits pendant cette période transitoire : *le Caïd* est un des rares exemples de l'adaptation à la scène française de l'*opera buffa* italien ; *le Songe d'une Nuit d'Été* appartient évidemment à l'ancienne école française, telle qu'Auber et l'imitation italienne l'avaient transformée ; *Mignon* et *Hamlet,* enfin, sont des productions de l'école de transition, qui s'y révèle par ses caractères complexes.

Ce n'est pas un mince mérite que d'avoir réussi dans des genres aussi différents. *Le Caïd* est plus qu'une œuvre amusante : c'est une spirituelle et fine critique des poncifs mélodiques et scéniques de l'école italienne. *Le Songe d'une Nuit d'Été,* une des dernières lueurs jetées par une école qui s'éteint, est, à tout prendre, une œuvre charmante qui parle à l'esprit et au cœur, sinon par les conceptions mélodiques elles-mêmes, au moins par cette grâce et cette distinction dont les derniers compositeurs de l'ancienne école française semblaient avoir perdu le secret. Peut-être M. Ambroise Thomas, dans celles de ses œuvres qui appartiennent plus spécialement à l'école de transition, n'a-t-il pas aussi complétement atteint son but. *Mignon,* représenté en 1866 à l'Opéra-Comique, et *Hamlet,* produit deux ans plus tard sur la scène de la rue Le Peletier, décèlent un musicien amoureux de son art et désireux de l'élever vers une conception supérieure. L'influence de Mendelssohn, de Félicien David, de M. Gounod se révèle dans ses œuvres, avec ce je ne sais quoi de distingué et de réservé qui constitue un des caractères de la musique de M. Ambroise Thomas. Mais ces opéras sont des essais de réforme plutôt que la réforme elle-même : ils manquent du souffle puissant, de l'inspiration soutenue, seuls capables d'éveiller l'intérêt dramatique dans le genre élevé. On peut croire que si des interprètes tels que Mme Nilsson et M. Faure dans *Hamlet,* tels que Mme Galli-Marié dans *Mignon,* n'avaient prêté à ces œuvres l'incomparable magie de leurs voix prestigieuses et de leur talent dramatique, ces deux drames lyriques n'auraient point eu le succès retentissant qui a signalé leur apparition. Du reste, l'oubli dans lequel tombera probablement un jour l'opéra d'*Hamlet* sera dû à une autre cause : le choix fait par M. Ambroise Thomas d'un drame shakspearien pour servir de thème à une musique élégante, distinguée, habile sans doute, mais non assez large ni assez profonde. La tendance des compositeurs à choisir des sujets intéressants doit être hautement louée : ce sera un des titres de gloire de l'école moderne d'avoir enfin compris que la platitude du livret entraîne la platitude de la musique, et que, pour écrire de belles mélodies, il faut des scènes où les passions humaines soient mises en jeu avec leur accent

véritable; mais encore faut-il que le poëme soit proportionné
à ce que le musicien peut donner. Pour aborder Shakspeare,
et surtout *Hamlet* dans Shakspeare, il fallait plus qu'un
talent plein de charme, plus qu'une habileté consommée :
il eût fallu un génie musical aussi profondément versé dans
la connaissance du cœur humain que l'était Shakspeare
lui-même. Ils sont rares, les hommes capables de mettre
le « *To be or not to be* » en musique, et si l'on doit adresser
un reproche à M. Ambroise Thomas, c'est de l'avoir tenté,
plutôt que de n'y avoir point réussi.

Cette remarque critique ne s'adresse pas seulement à
M. Ambroise Thomas parmi les compositeurs modernes.
Nous assistons à une réédition de l'œuvre de Ducis, avec
cette différence que la défiguration des héros shakspeariens
a passé de la tragédie au drame lyrique. Shakspeare et
Gœthe sont particulièrement mis à contribution par des
librettistes, qui ne craignent pas de promener des ciseaux
téméraires dans des chefs-d'œuvre que les grands poëtes
seuls devraient être admis à toucher. Le produit de ces
découpages est remis aux compositeurs qui, travaillant sur
des héros de fer-blanc, seraient fort empêchés de restituer
au poëme sa grandeur originelle, alors même que leur
génie musical serait de taille à se mesurer avec les grandes
figures dramatiques de l'Allemagne et de l'Angleterre. Des
œuvres élevées sur une telle base manquent nécessairement
de grandeur et d'intérêt; car le spectateur ne peut être
ému, ni par une action qu'on a rétrécie et défigurée, ni
par une musique qui, par son accord même avec le poëme
amoindri, est impuissante à rendre aux personnages du
drame le caractère que leur a imprimé le cerveau puissant
dans lequel ils ont été conçus.

Parmi les compositeurs arrivés aujourd'hui, il en est un

qui doit trouver sa place ici ; car, bien que les productions lyriques de M. Ernest Reyer soient trop rares, elles méritent d'être signalées à cause des tendances supérieures qu'elles révèlent. *La Statue* obtint beaucoup de succès lors de son apparition au Théâtre-Lyrique ; il est à présumer qu'elle en aura plus encore cet hiver, dans l'ancienne salle de la Gaîté, où le zélé directeur a la bonne pensée artistique de remettre en lumière cette œuvre mélodieuse et distinguée, dans laquelle le talent musical du compositeur a révélé les aspirations les plus hautes, comme sa plume de critique révèle un goût constamment sûr et l'indépendance de ses jugements. La distinction mélodique et la science symphonique sont chez lui visiblement inspirées par l'illustre Weber ; on a même cru reconnaître en lui des tendances wagnériennes. Il est incontestable, en effet, que l'auteur de *Maître Wolfram* et de *la Statue* a dû saluer avec foi et espérance des chefs-d'œuvre tels que *Lohengrin,* et son ouverture de *Sigurd,* que le public a applaudie aux concerts du Conservatoire et aux concerts populaires, accuse un pas décisif dans la voie que trace à l'art le maître de Bayreuth. Cependant, le talent de M. Reyer a une couleur très-personnelle, et si ses œuvres laissent apercevoir, à travers leur trame, une admiration sympathique pour le chef de l'école allemande, les partisans de la rénovation musicale ne peuvent s'en plaindre, car, dans ses œuvres, l'éminent critique musical des *Débats* a su joindre à la haute conception de l'art dont les Allemands ont de tout temps donné l'exemple, le charme et l'élégance qui sont la séduction de l'art français.

C'est de la scène hospitalière du Théâtre-Lyrique que le nom de Georges Bizet fut jeté à la postérité. Sa première œuvre dramatique, la partition des *Pêcheurs de Perles,* réclame une des premières places dans l'école de transition,

en même temps qu'elle montre ce que le génie du jeune
compositeur aurait produit si la mort ne fût venue l'arracher à la scène lyrique française. La grâce poétique, pleine
de couleur locale, des mélodies de cet opéra, transporte
le spectateur dès les premières modulations du prélude,
« au bord de la grève en feu, où se recueille la perle blonde. »
L'auteur de *Lalla-Rouk,* lui-même, n'a rien trouvé de plus
voluptueusement oriental que le duo du premier acte entre
le ténor et le baryton, que la romance idéale : « Je crois
entendre encore, » que la sérénade enfin, chantée par
Nadir dans la coulisse, alors que la nuit indienne enve-
loppe la bien-aimée de son ombre. Des rhythmes intermit-
tents, des mélodies vaporeuses, une poésie incomparable,
tout décèle dans cette œuvre le pas immense qu'a fait la
jeune génération à la suite des maîtres. Si *les Pêcheurs
de Perles* ne furent pas accueillis comme ils le méritaient,
c'est, d'une part, à cause d'un livret aussi peu intéressant
que mal agencé, et d'autre part que le public d'alors, insuffi-
samment initié aux nouveautés mélodiques et symphoniques, réservait son jugement lorsque ces nouveautés ne
lui étaient pas présentées sous le couvert d'un grand nom.
Quand le Théâtre-Lyrique reprendra cette œuvre poétique
et charmante, nul doute que le public ne comprenne tout
ce qui lui a échappé autrefois.

La dernière œuvre du jeune maître, l'opéra-comique de
Carmen, qu'on acclamait encore au moment où il nous
fut enlevé, révèle des qualités fort différentes de celles qu'on
vient de signaler. Bien que composée longtemps après *les
Pêcheurs de Perles,* elle offre cependant les caractères les
moins progres-istes et les moins accentués de l'école de
transition ; et pour tout dire, elle ne marque pas un progrès
dans le mouvement où Bizet s'était engagé avec ses jeunes

confrères. Cette œuvre, charmante d'ailleurs, se fait remarquer par l'heureux choix du livret, dont le sujet est emprunté à une exquise nouvelle de Mérimée. La musique, écrite sur un des meilleurs poëmes de MM. Jules Barbier et Michel Carré, est étincelante d'une couleur locale qui brille particulièrement dans les chansons railleuses de l'héroïne et dans les rhythmes des ballets originaux du second acte, dansés par les Bohémiennes. Bizet avait déjà donné la note la plus exquise de ces inspirations dans sa belle mélodie des *Adieux de l'Hôtesse Arabe*. Mais on aurait pu demander à cette œuvre d'un maître qui avait donné de si belles espérances, une plus grande distinction de formes mélodiques. Il est un écueil qu'il n'est pas inutile de signaler à nos jeunes compositeurs : c'est de reculer à la vue des grands horizons ouverts devant eux, et de s'embourber dans les ornières battues.

Quand on quitte cette nomenclature quelque peu aride des œuvres les plus remarquables de la transition pour porter un jugement d'ensemble sur cette école, on est forcé de reconnaître que ces productions ont le plus souvent manqué de cette originalité puissante et de ce souffle inspirateur, nécessaires pour qu'elles se transmettent à la postérité. C'est que le mouvement de rénovation, déjà très-accentué en Allemagne, tardait à prendre en France son complet développement. Mais, si longues que soient dans notre pays les périodes d'incubation, les crises n'en éclatent pas moins lorsque l'heure a sonné, lorsque tout, dans l'organisme de la société, est disposé pour les résoudre. Les œuvres de talent qu'on vient de passer en revue, peuvent être comparées à ces couches supérieures de terrain qui recouvrent la mine précieuse, et que le bâton du géologue doit fouiller avant de découvrir le trésor.

Cette revue de l'état du drame lyrique en France, durant la période qui s'étend depuis les premières œuvres de Meyerbeer jusqu'à l'avénement de l'école moderne, ne serait pas complète si l'on passait sous silence les transformations subies, dans cet intervalle, par l'école italienne. C'est un fait excessivement remarquable que l'ancien art italien des Piccini, des Rossini et des Bellini s'évanouit tout à coup devant l'apparition de l'œuvre de Meyerbeer, comme la neige fond aux rayons du soleil ; c'est un fait plus remarquable encore, que cette disparition subite ne fut pas le résultat d'un changement dans le goût du public, qui continua à acclamer, pendant de longues années, les chefs-d'œuvre de ces maîtres. On peut donc affirmer que l'ancien art italien mourut de sa mort naturelle, comme ces papillons qu'un changement de saison fait disparaître. Donizetti le comprit sans aucun doute, car ses dernières œuvres furent écrites, ainsi qu'on l'a vu précédemment, dans une manière toute différente.

Cependant, l'Italie devait encore donner des opéras à la France. Mais les œuvres du grand maestro Verdi, malgré les justes applaudissements recueillis sur toutes les scènes de l'Europe, n'en devaient pas moins être dépourvues de toute influence sur le développement ultérieur de l'art français. C'est pourquoi il n'y a pas lieu ici d'apprécier longuement la manière de ce maître, pas plus que de s'étendre sur les différences radicales qui séparent sa musique de celle des compositeurs de l'ancienne école italienne. Est-il cependant possible de prononcer le nom de ce musicien, sans dire un mot de la puissance des accents qu'il a su tirer de sa lyre ? *La Traviata, il Trovatore,* l'admirable *Rigoletto* surtout, offrent des pages où les sentiments humains éclatent avec une vérité et une force d'accent inouïes. Il a fallu que ces qualités fussent portées à un bien haut degré pour faire accepter, par le public français, une absence complète de distinction dans les mélodies, et une orchestration où le bruit remplace la puissance.

Ces défectuosités d'un immense talent, d'un grand génie même, M. Verdi les a lui-même reconnues, et les lauriers accumulés sur sa tête ne l'ont pas empêché d'opérer en lui-même une des plus étonnantes transformations dont l'histoire des musiciens garde le souvenir. Par *Don Carlos*, M. Verdi a préludé à un admirable *Requiem* et à son chef-d'œuvre d'*Aïda*, qui resplendissent de richesses symphoniques, et dans lesquels la distinction et l'originalité des mélodies s'unissent à cette puissance d'expression qui constitue le caractère typique du maître. L'art allemand a passé par là, avec sa recherche de l'accent dramatique par des moyens plus profonds que la sensation purement matérielle. Le triomphe d'*Aïda* à travers l'ancien et même le nouveau monde, quoiqu'il ait eu moins de retentissement en France que dans d'autres pays, prouve une fois de plus que les temps sont proches où, à son tour, le public français voudra être guidé dans une rénovation musicale qui n'attend que son bon plaisir pour être universelle.

VIII

Lorsqu'on se reporte à l'année 1851, on constate qu'à cette époque la scène lyrique française se trouvait dans un état de marasme complet. A l'exception du *Prophète*, représenté deux ans auparavant, nulle œuvre vraiment remarquable n'avait paru depuis de longues années. Seule, l'ancienne école française produisait de nouvelles œuvres, avec

Adolphe Adam, M. Victor Massé, et l'infatigable Auber,
dont la fécondité ne devait s'éteindre que dans le silence de
la mort. La musique symphonique était entre les mains des
grands maîtres de l'Allemagne. Berlioz continuait à être
méconnu. Le flambeau de l'art tenu par la divine harmonie, tombait de ses mains comme lassé de brûler dans
l'ombre et le silence, lorsque, dans les premiers jours de
l'année 1851, un article enflammé publié dans un journal
de Londres, *l'Athenæum,* tombant comme un coup de foudre à Paris, vint révéler à la France l'éclosion d'un nouveau
génie. Voici un extrait de cet article, attribué à M. Viardot,
le mari de l'illustre cantatrice : « La musique de M. Gou-
« nod ne nous rappelle aucune autre composition ancienne
« ou moderne, soit par la forme, soit par le chant, soit par
« l'harmonie : elle n'est pas nouvelle, si *nouveau* veut dire
« *bizarre* ou *baroque;* elle n'est pas vieille, si *vieux* veut
« dire *sec* et *roide,* s'il suffit d'étaler un aride échafaudage
« derrière lequel ne s'élève pas une belle construction; c'est
« l'œuvre d'un artiste accompli, c'est la poésie d'un nouveau
« poëte. Que l'impression produite sur l'auditoire ait été
« grande et réelle, cela ne fait nul doute; mais c'est de la
« musique elle-même, non de l'accueil qu'elle a reçu que
« nous présageons pour M. Gounod une carrière peu com-
« mune; car s'il n'y a pas dans ses œuvres un génie à la fois
« vrai et neuf, il nous faut retourner à l'école et rapprendre
« l'alphabet de l'art de la critique. »

Au moment où paraissaient ces lignes enthousiastes,
écrites à propos d'un concert où l'on avait exécuté quelques
œuvres de M. Charles Gounod, ce jeune compositeur, qui
avait déjà obtenu le prix de Rome et dont plusieurs essais
de musique religieuse, entre autres un *Requiem,* avaient
obtenu quelque succès, était organiste de l'église des Mis-

sions Étrangères. Le bruit courait même qu'une vocation ecclésiastique ne tarderait pas à l'entraîner dans les ordres. Après ce succès retentissant, celui qu'on appelait déjà « l'abbé Gounod » écouta l'heureuse inspiration qui le poussait vers la musique dramatique, et il fit son entrée sur la scène française en écrivant l'opéra lyrique de *Sapho,* sur un poëme de M. Émile Augier. Trois ans après, M. Gounod livrait au théâtre la partition de *la Nonne Sanglante* et, successivement, à des intervalles assez rapprochés, *la Colombe* et *le Médecin malgré lui.* Jusqu'ici, la prédiction de *l'Athenæum* ne semblait pas devoir se réaliser, lorsque tout à coup le génie du maître trouva l'occasion de se déployer sur un sujet qui a inspiré maint compositeur. L'apparition de *Faust* sur la scène du Théâtre-Lyrique en 1859, fut un événement d'une portée incalculable au point de vue des destinées musicales de la France. *Philémon et Baucis, la Reine de Saba, Mireille, Roméo et Juliette* (1866) et *Cinq-Mars;* telle est, jusqu'à présent, l'œuvre importante qui assure au maître français une renommée européenne.

L'œuvre de M. Gounod serait impossible à analyser si l'on prétendait y trouver l'affirmation d'une théorie à la fois personnelle et persistante à travers toutes ses productions. L'esthétique de ce maître est essentiellement mobile : non-seulement il a, comme tant d'autres compositeurs, plusieurs manières distinctes, mais encore il quitte et reprend successivement ces diverses manières, sans qu'aucun motif apparent gouverne son choix. Et cependant, les œuvres même les plus disparates de M. Gounod, possèdent un air de famille qui les fait reconnaître dès la première audition, et qui s'est transmis à un degré plus ou moins accentué dans les productions des jeunes auteurs. C'est à ce point de vue, surtout, que M. Gounod doit être considéré comme chef d'école; et à ceux qui prétendraient que l'introduction d'une nuance mélodique et de procédés symphoniques particuliers ne suffit pas pour justifier un titre aussi ambitieux, on pourrait répondre que ce maître possède un autre titre encore : celui d'avoir osé introduire sur la scène française la structure dramatique et mélodique qui constitue la caractéristique de la nouvelle école. Il y avait, certes, mérite à le faire, après les échecs répétés essuyés par Berlioz.

En musique, plus peut-être que dans tout autre art, on est toujours fils de quelqu'un. Il en résulte que, souvent, le meilleur moyen d'analyser les tendances d'un musicien est de remonter aux sources auxquelles son génie a puisé ses premières impressions. Les études austères que fit M. Gounod de la musique religieuse à Paris d'abord, avec Lesueur, puis en Italie, où son âme un peu mystique s'exalta aux prières célestes des Stradella, des Porpora et des Pergolèse, le poussèrent à comprendre qu'une plus large part devait être faite à la pensée dans le drame lyrique, à supprimer définitivement l'inutile remplissage de la vocalise italienne, à chercher pour la mélodie une forme plus vaste, où elle pût s'étendre et s'épancher dans des modulations nouvelles, où elle pût demeurer en rapports constants avec les idées, les sentiments et les situations des personnages. Prédisposé par la nature de son génie, sans doute, à une inspiration particulièrement rêveuse et poétique, M. Gounod devait, plus que tout autre, recevoir l'impression de l'école romantique allemande. Mendelssohn, dans la symphonie; Schubert et Schumann, dans leurs *lieder* et leurs mélodies; dans la musique dramatique, M. Richard Wagner, celui dont il disait : « Le chemin que suit cet homme est un sillon de « feu! » contribuèrent, chacun dans la forme particulière qu'ils cultivaient, à former le jeune maître. Aussi, ses compositions offrent-elles la plupart des caractères fondamentaux de la nouvelle école : il suffira de citer, entre autres, l'association absolue de l'orchestre aux motifs de chant, et le dégagement de l'idée mélodique, qui cesse d'être assujettie à l'ancienne forme rhythmique dont Meyerbeer lui-même n'avait su ou osé que rarement s'affranchir.

Ces caractères fondamentaux de la musique de M. Gounod ont, sans doute, été empruntés à l'étranger ; mais ce compositeur a su les présenter avec un art si consommé, avec une délicatesse si exquise, avec une si heureuse habileté, que le public français, de tous le plus rebelle aux nouveautés musicales, n'en a jamais été choqué, n'en a même jamais paru étonné. D'ailleurs, on peut être le fils de quelqu'un sans cesser pour cela d'être une personnalité ; la musique de M. Gounod possède un caractère particulier auquel l'oreille la moins exercée la reconnaît dès la première mesure. Ce caractère est malaisé à définir. De même que pour juger la manière d'un peintre, il faut avoir vu ses œuvres, de même aussi le caractère mélodique propre d'un musicien ne peut se rendre par des paroles. Il serait facile de dire que M. Gounod excelle dans l'expression des sentiments tendres et gracieux, qu'il conserve, même dans les actions les plus vulgaires, un cachet tout particulier d'élégance et de distinction ; il serait tout aussi vrai d'ajouter que ses mélodies portent l'empreinte d'un mysticisme sensualiste, bien différent du mysticisme purement idéaliste de M. Richard Wagner ; il serait enfin exact d'ajouter, à côté de l'éloge, que M. Gounod s'élève difficilement à la grandeur épique. Mais ni ces éloges, ni cette critique, ne peuvent traduire les sensations tout particulièrement rêveuses qu'éveillent dans l'âme les œuvres de l'auteur de *Roméo et Juliette.*

La tendance musicale que l'on vient d'esquisser — pour autant qu'elle soit traduisible par la parole seule — n'est pas, ainsi qu'on l'a vu plus haut, le seul titre de gloire de M. Gounod. Ce maître a eu l'heureuse audace de transporter sur la scène française des procédés de structure qui sortaient absolument des formes reçues jusqu'à lui. Mais ce n'est ni dans ses premières productions, ni dans ses dernières, que l'on peut en découvrir de remarquables exemples. De l'œuvre entière de M. Gounod, deux opéras seulement appartiennent, à proprement parler, à la manière moderne; les autres doivent plutôt être classés dans l'école de transition. Ces deux opéras sont ceux de *Faust* et de *Roméo et Juliette*. Chose étrange, ce sont précisément ces deux chefs-d'œuvre qui, malgré ce qu'ils présentent d'entièrement nouveau, ont été au début le mieux appréciés par le public français, et qui ont eu le succès le plus grand et le plus durable. Et cependant, c'est dans ces deux opéras, bien plus que dans ses autres œuvres, que M. Gounod a posé au public français cette question qui contient dans ses flancs l'avenir de la musique dramatique : Qu'est-ce que la mélodie?

Il est curieux de constater que c'est précisément l'école à laquelle on reproche trop souvent de manquer de mélodies, qui proclame avec le plus de conviction et d'énergie l'identité absolue de la musique et de la mélodie. Pour cette école, sans la mélodie, la musique n'existe qu'à l'état de bruit, de même que, sans une idée exprimée, la parole n'existe qu'à l'état de syllabes articulées. Pour cette école, le récitatif italien n'est pas de la musique, parce qu'il ne renferme pas une idée mélodique, ou, si l'on veut, parce que cette idée mélodique est absolument plate et insignifiante. Théoriquement, l'accord est donc facile à établir entre les opinions adverses; mais il cesse de l'être dès que de la théorie on passe à la pratique. Pour les partisans des anciennes formes musicales, la musique moderne *ne chante pas,* et ils en concluent qu'elle est dépourvue de mélodies. La nouvelle école a beau jeu de réfuter cette objection qui repose, en définitive, sur une conception incomplète de l'essence de la mélodie. Longtemps réduite à une forme régulièrement rhythmée, la mélodie s'est vue circonscrite dans un cercle étroit dont la nouvelle école a entrepris de la faire sortir. Que cette forme nouvelle plus libre, plus idéale que l'ancienne, ne soit pas appréciée par des auditeurs auxquels tout travail d'assimilation répugne et qui ne recherchent dans la musique qu'une sensation acoustique agréable, rien de mieux. Mais lorsque ces auditeurs, s'appuyant sur leur conception incomplète de l'art, arrivent à nier la mélodie parce qu'elle se présente sous une forme plus élevée que leur propre conception, ils portent un jugement rappelant celui de ce personnage de comédie qui, ne connaissant que le français, prétendait que les étrangers faisaient semblant, par orgueil national, d'avoir une langue, mais qu'en réalité ils ne se comprenaient pas entre eux.

Toutefois, on ne peut se dissimuler que la théorie qui vient d'être esquissée, peut être l'objet d'une objection spécieuse. Du moment que la mélodie cesse d'être un *air* assujetti à certaines conventions de structure et de rhythme, du moment que la condition essentielle de son existence n'est plus d'être saisie et retenue du premier coup par tous, il suffira qu'un compositeur écrive des notes à la suite les unes des autres, pour qu'il soit autorisé à prétendre qu'il a une idée mélodique. Et à tous ceux qui nieront cette idée, il répondra que cette idée existe parce qu'il la perçoit, et que l'on ne doit s'en prendre qu'à soi-même si on ne la comprend pas.

Les partisans des nouvelles formes musicales ne restent pas désarmés devant cet argument. De même, disent-ils, que certains compositeurs de musique rhythmée ne sont jamais parvenus à écrire que des mélodies absolument plates et vulgaires, de même certains compositeurs de la nouvelle école ne sont pas toujours parvenus à dégager suffisamment leur idée mélodique, et parfois, ils ont cru pouvoir dissimuler une indigence mélodique sous la richesse de leur orchestration. Les plus belles œuvres modernes renferment des pages qui présentent ce dernier défaut, des pages où l'idée mélodique n'apparaît dans toute sa réalité et dans tout son éclat, qu'au prix d'un travail d'assimilation si considérable que le vulgaire en est lassé avant d'avoir compris. Ce défaut existe, il serait puéril de le nier ; mais on ne peut demander même au plus beau chef-d'œuvre d'être, du commencement à la fin, absolument irréprochable. *Guillaume Tell* et *les Huguenots* ont des parties faibles, et on les leur pardonne. Il est juste de faire de même quand il s'agit des productions d'un art nouveau dont la route n'est, en définitive, que jalonnée. Et si l'on demande quel est le criterium qui permet de distinguer entre l'idée mélodique réelle et le défaut d'inspiration ou l'obscurité de la phrase musicale, on répondra que l'art n'est pas gouverné par des règles absolues ; que, dans la mélodie rhythmée, on n'a jamais demandé un criterium pour distinguer la platitude de l'élévation, le poncif de l'originalité. Dans cette forme mélodique, tout comme dans l'autre, le jugement des critiques d'abord, celui du public en suprême et dernier ressort, telles sont les véritables et uniques bases d'appréciation de toute œuvre musicale. Du reste, le vague, le nébuleux, l'incompréhensible ne sont, le plus souvent, que relatifs, en rapport avec l'éducation musicale du public auquel on s'adresse. Berlioz, méconnu en France de son vivant, était à la même époque compris en Allemagne ; aujourd'hui, il est acclamé chez nous. Ainsi donc, en admettant que l'état intellectuel, au point de vue musical, du public français d'il y a quarante ans eût été celui de toute l'Europe, et que cet état eût été définitif, Berlioz fût demeuré à jamais incompréhensible, et son œuvre n'eût pas rempli cette première condition de l'art, d'exister en dehors de l'artiste créateur. Or, bien loin de là, on constate aujourd'hui que son seul tort a été de devancer son époque, en ce qui concerne, bien entendu, le public français. Ce mémorable exemple doit engager les critiques, tout aussi bien que le public, à se garder des appréciations précipitées, et à ne juger les productions d'un art nouveau qu'après avoir appris la langue dans laquelle le novateur a entrepris de s'exprimer.

C'est l'honneur de M. Gounod d'avoir compris que l'abandon tout moderne, presque contemporain même, des formules régulièrement rhythmées, ou *dansantes,* constitue le caractère typique de la mélodie des nouvelles écoles de tous les pays. C'est pour lui un honneur plus grand encore d'avoir donné, en France, le signal de cet affranchissement. Bravant les préjugés, le ridicule même dont les retardataires se font une arme pour combattre le progrès, il a osé écrire des morceaux, des scènes entières, dans une forme mélodique irrégulièrement rhythmée, autrement dite, *continue.* Ce mot seul n'eût-il pas suffi, s'il eût eu l'imprudence de le prononcer, pour faire tomber ses chefs-d'œuvre sous la risée du public ? En Allemagne, n'avait-on pas aussi foudroyé M. Richard Wagner avec cet autre « tarte à la crème » : la *musique de l'avenir !* Mais M. Gounod n'était pas de ceux qui se plaisent à heurter brutalement les préjugés du public : les pages écrites dans cette forme mélodique furent pru-

demment intercalées dans des partitions dont la plus grande
partie avait été composée dans des formules connues. Dans
l'œuvre entière du maître, on ne compte même que les
deux opéras cités plus haut, où la mélodie continue ait été
appliquée à des morceaux quelque peu développés. Parmi
ceux-ci, on doit signaler, dans *Faust,* le monologue de la
première scène du premier acte, l'admirable phrase de
Méphistophélès : « Souviens-toi du passé, » dans la scène de
l'église, et le récit mélodique de Faust entrant dans la prison
de Marguerite ; — dans *Roméo,* le monologue de Juliette :
« Je l'ai vu trop tôt sans le connaître » et, surtout, l'inimitable duo du balcon, au deuxième acte, qui est, sauf le
finale, un exemple complet et frappant du mouvement qu'a
introduit M. Gounod dans la marche du drame lyrique.
Dans cette page idéale, tout est subordonné à la vérité de
l'expression, à la vraisemblance théâtrale, et ce duo, ainsi
que la magnifique scène de Roméo au tombeau de Juliette,
présentent les caractères de la mélodie continue dans toute
leur pureté. Or, ces morceaux comptent, de l'avis de tous,
parmi les plus beaux de ces deux opéras. Parmi les innombrables admirateurs du talent de M. Gounod, il en est beaucoup, à coup sûr, qui n'ont jamais entendu prononcer le
mot de *mélodie continue,* sans qu'un sourire de pitié ait
plissé leurs lèvres. Ils ont cependant applaudi, et sans le
savoir, ils ont eu raison contre eux-mêmes. Pas un, pour-
tant, au sortir du théâtre où l'on venait de représenter *Roméo et Juliette,* n'a fredonné, le cigare aux lèvres, le duo
du balcon, cette suave traduction musicale d'une des
plus belles inspirations de Shakspeare. Tous y ont cependant reconnu, non une phrase mélodique unique, dite
et répétée, mais une mélodie continue, changeant sans
cesse d'expression et de caractère, et ne cessant pas un

seul instant de marcher dans le plus complet accord avec les pensées traduites par les paroles. La mélodie n'est donc pas *ce qui se retient :* c'est ce qui touche l'âme, c'est la pensée de la musique !

Pas ne serait besoin de beaucoup de scènes semblables au duo dont on vient de parler, pour dissiper un bon nombre des préjugés sur lesquels est fondée la science musicale de la majeure partie du public français. Aussi, la jeune école ne pourrait-elle être assez reconnaissante à M. Gounod, non-seulement de lui avoir montré la voie, mais encore de la lui avoir préparée, en réussissant dans la difficile entreprise où Berlioz avait échoué, de faire accepter la nouveauté par le public français. On doit attribuer ce succès à la flexibilité du talent de notre chef d'école et à son tempérament essentiellement français, non moins qu'à sa profonde connaissance du public auquel s'adressaient ses œuvres.

IX

Si ces pages avaient pour unique but de rappeler la mémoire des compositeurs dont s'enorgueillit le génie musical de la France, le nom de Berlioz y aurait déjà apparu depuis longtemps. C'est à dessein cependant que ce nom, illustre enfin, n'a pas encore été prononcé, bien que Berlioz ait vécu et ait écrit ses chefs-d'œuvre en pleine période romantique. En effet, dans une étude qui vise exclusivement le développement d'un art tel que la musique, l'heure d'un artiste n'est pas celle où il a écrit, mais celle où ses œuvres, produites et comprises, ont eu une influence dirigeante sur les compositeurs. Incompris de son vivant, tout au moins en France, Berlioz ne peut aspirer à la gloire qui s'attache au titre de chef d'école; et cela, non faute de génie, mais parce qu'il n'a jamais sacrifié sur l'autel de la mode ou du succès. Doué d'une énergie et d'une force de conviction peu communes, il a choisi la lutte. Il a combattu à visage découvert, ne concédant rien, ni en théorie ni en pratique; et dans ce combat pour le grand art, où la victoire même de Gluck avait été éphémère, il n'est pas parvenu, de son vivant, à faire passer dans l'âme de ses compatriotes la fière conviction qui l'animait. Comment en aurait-il pu être autrement devant le public qui était son juge? Adolphe Adam, cet auteur d'œuvres charmantes et constamment applaudies, en connaissait bien le tempérament lorsqu'il écrivait : « Rien n'effraie le public comme ce qui est réellement nou- « veau. Sortez-le de ses habitudes, il ne sait plus où il en est. « Il ne viendra à ce que vous lui aurez offert que lorsque le « temps aura assez usé le vernis de nouveauté pour que « l'objet ne lui paraisse pas trop différent de ce qu'il voit « habituellement. Chez nous, les inventeurs ont presque « toujours tort, et tout le bénéfice revient aux perfection- « neurs qui ont su polir les coins trop raboteux pour l'ex- « trême délicatesse du public, et faire adopter comme leurs « les œuvres des inventeurs qui, sans tant de préparations, « s'étaient tout bonnement contentés d'être des hommes de « génie. »

Or, l'étude de l'œuvre de Berlioz fait découvrir un génie moderne dans toute l'acception du mot, et il n'en faut pas davantage pour expliquer, et les dégoûts dont Berlioz a été abreuvé de son vivant, et les lauriers dont la postérité couvre sa tombe. Pour que le public ait compris les conceptions de ce grand génie, il lui a fallu un initiateur. Le *Faust* de M. Gounod a été, pour ainsi dire, une sorte de commentaire préalable à l'œuvre similaire, aujourd'hui tant applaudie, du grand novateur français, bien que les deux interprétations musicales du chef-d'œuvre de Gœthe soient absolument dissemblables. D'un autre côté, la conception si élevée et si profondément humaine du drame lyrique, la forme si savante et si fortement colorée de l'orchestration, qui caractérisent les œuvres de Berlioz, ont eu une influence considérable sur les productions des jeunes artistes contemporains. Cette influence, on peut en être certain, grandira à mesure que Berlioz sera mieux connu des musiciens et mieux compris par le public. Aussi l'on peut dire que, si les noms de Gluck et de Beethoven doivent être inscrits à la souche de l'arbre généalogique des maîtres de la nouvelle école de musique dramatique française, ceux de Berlioz et de M. Gounod en France, ceux de Weber, de Mendelssohn et de M. Richard Wagner en Allemagne, occupent les branches intermédiaires d'où sont sorties les illustrations modernes.

Le mouvement romantique était à son apogée; la lutte était partout, dans les cabinets d'étude comme dans les ateliers; audacieuse et fertile, elle enfantait en littérature et dans les arts plastiques des génies bien français, qui renouvelaient la face du monde intellectuel et artistique. Un compositeur, qu'on pourrait appeler le Delacroix de la musique, entreprit de faire participer son art à cette rénovation. Cet homme était Hector Berlioz. Encore élève du Conservatoire, cet artiste intelligent et hardi avait compris et acclamé Beethoven, alors que public et musiciens fuyaient étonnés ou effrayés, alors que Rossini s'écriait que si « la mélodie « d'Haydn lui faisait l'effet d'une caresse, celle de Beethoven « lui faisait l'effet d'un coup de poing ! » Admirateur passionné de Weber, dont il nous fit comprendre les beautés en adaptant *le Freyschütz* à la scène française, Berlioz avait, comme ce maître, une salutaire horreur du lieu commun musical. Le lieu commun dramatique ne le trouvait pas plus indulgent : il croyait qu'une musique sublime ne pouvait s'écrire que sur des sujets sublimes, et sa muse tournait ses regards vers Gœthe et Shakspeare, pour demander à leurs œuvres des inspirations où son génie pût se déployer dans toute sa force et dans toute sa grandeur.

Le caractère vraiment novateur du génie de Berlioz est mis en relief par le fait que ce compositeur n'a écrit qu'une seule fois pour le théâtre. Ce n'est que vers la fin de sa carrière, en 1863, qu'il fit représenter son unique opéra, *les Troyens,* sur lequel il fondait les plus grandes espérances. Malgré vingt représentations consécutives, cette production du maître français ne fut pas assez appréciée pour qu'on puisse ranger *les Troyens* parmi les œuvres dramatiques qui ont eu une influence dirigeante sur le développement de l'art moderne. Le motif de cette tardive apparition de Berlioz sur la scène est facile à expliquer. Pour peu qu'une seule fois on ait saisi les imperfections constitutives du drame lyrique à l'époque où il vivait, on est à même de comprendre que cette forme de l'art était trop étroite et trop embarrassée de liens, pour que sa conception pût s'y déployer en toute liberté. Dans une étude consacrée au drame lyrique en France, le nom de Berlioz pourrait donc, comme celui de M. Richard Wagner, n'être pas même prononcé, si l'on n'avait égard qu'à la forme donnée à ses compositions. Mais, si l'auteur de la *Symphonie Fantastique* ne s'éleva qu'exceptionnellement jusqu'à l'application de ses théories à la scène, s'il recula devant les incalculables difficultés de l'adaptation au théâtre de ses grandioses conceptions, il n'en résulte pas moins que son œuvre a été féconde pour le théâtre même. Ce serait donc rendre cette étude incomplète, que de passer sous silence un novateur hardi, sous prétexte que ses principales œuvres n'appartiennent pas au drame lyrique. Sa gloire, sans aucun doute, en est amoindrie; car s'il est vrai que la plus haute mission de l'art est de faire progresser les masses, en les dégageant des soucis exclusivement matériels pour les transporter dans le monde supérieur de la pensée, cette mission est spécialement dévolue, parmi tous les genres de compositions musicales, au drame lyrique. A ce point de vue, les symphonistes se trompent en regardant la branche de l'art qu'ils cultivent comme supérieure à l'opéra. Sans doute, l'œuvre de Beethoven porte le cachet d'une conception plus élevée que les compositions dramatiques qui étaient en faveur de son temps ; mais le drame lyrique épuré, agrandi et enrichi, est appelé à exercer, sur les masses, une influence incomparablement plus grande que la plus belle musique purement symphonique. Celle-ci, en effet, est d'une essence abstraite, et les abstractions ne sont jamais pleinement comprises que par le petit nombre.

Quoi qu'il en soit, Berlioz, en même temps qu'il rejetait les formules surannées de la musique telle qu'on la comprenait de son temps, s'affranchissait aussi des conditions spéciales, essentielles au drame lyrique. Reculant devant l'entreprise de réunir, dans une même composition, le développement complet des caractères, la vraisemblance théâtrale, la richesse symphonique, et l'action dramatique complète et coordonnée, il établit ses œuvres sur une forme particulière que l'on pourrait appeler la *symphonie dramatique,* — forme concrète quant à la réalité des personnages et de l'action, abstraite quant à la traduction de cette réalité par les moyens scéniques. Il produisit ainsi des créations telles que *l'Enfance du Christ, Roméo et Juliette, Béatrice et Bénédict, la Damnation de Faust* et la *Symphonie Fantastique*. C'est celle-ci qui, un jour, émut à tel point l'illustre Paganini que, les larmes aux yeux et la gorge serrée par l'émotion, il se jeta à genoux devant Berlioz en lui baisant les mains avec transport. Cette admiration isolée rapporta, du reste, au compositeur plus que n'aurait pu le faire une de ces demi-salles comme il en voyait trop souvent à l'audition de ses œuvres, car le maître italien lui fit remettre le lendemain une somme de 20,000 francs, qui ne devait pas être inutile à l'artiste.

Il n'entre pas dans le plan de cette étude de suivre pas à pas l'œuvre de Berlioz, de raconter les déboires qu'il eut à essuyer en France et les succès qu'il remporta en Allemagne, où ses œuvres furent très-appréciées, de son vivant, par « le public le plus musical du monde, » ainsi qu'il le disait lui-même. Pour faire saisir ce qu'il y avait de neuf et d'original dans son génie, pour montrer ce qu'il y avait de hardiesse dans ses formes mélodiques et orchestrales, un exemple suffira : on choisira, dans ce but, l'œuvre la plus dramatique parmi les productions du maître, et, en même temps, celle que le public français vient enfin tout récemment d'applaudir.

C'est en l'année 1846 que Berlioz entreprit de faire exécuter une légende dramatique en quatre parties, tirée du *Faust* de Gœthe, et intitulée *la Damnation de Faust*. La froideur avec laquelle cette œuvre géniale fut accueillie, permet de supposer que ses formes absolument nouvelles troublèrent un public qui semblait être tombé dans une sorte d'engourdissement artistique (tout au moins en ce qui concerne la musique), après le grand mouvement imprimé aux lettres et aux arts quelques années auparavant *Robert-le-Diable* et *les Huguenots*, il est vrai, avaient été universellement acclamés ; *le Freyschütz* lui-même avait été représenté à l'Opéra en 1841 ; mais était-on bien mûr pour en comprendre toutes les beautés ? L'inintelligence du public d'alors pour les œuvres de Berlioz, permettrait d'en douter ; car, à coup sûr, le maître français suivait la trace du grand Weber, dont le génie avait avec le sien de réelles affinités.

Il suffit de feuilleter la partition de *la Damnation de Faust,* pour y constater une révolution radicale dans la structure mélodique encore usitée à l'époque où vivait Berlioz. Non-seulement la roulade et la floriture, mais encore la répétition, soit de la même mélodie sous forme de couplets (sauf dans les cas où les nécessités du poëme l'exigent, comme dans une chanson à boire ou dans une sérénade), soit des mêmes paroles dans une mélodie unique, ont complétement disparu. Il y a plus : quelques soins qu'antérieurement certains maîtres eussent mis à rendre leurs mélodies expressives, celles-ci se détachaient sur le fond général de leurs œuvres, dont elles paraissaient être des membres épars. Plus ou moins régulièrement rhythmées, pourvues d'un commencement et d'une fin, réglées d'après des formules conventionnelles, elles portaient les noms particuliers de grand air, d'ariette, de romance, de duo, de trio, etc., qui indiquaient à l'avance les types mélodiques auxquels elles se rattachaient. Elles constituaient, en un mot, des *airs* — si l'on convient de donner à ce terme une signification embrassant toute composition qui puisse être détachée d'une partition sans perdre aucun de ses caractères. Mais il est aisé de comprendre que l'*air,* assujetti à certaines règles de développement mélodique, s'il est capable d'exprimer dans sa contexture générale un sentiment particulier de l'âme, tel que la douleur ou l'amour, est incapable, par

contre, de suivre pas à pas les idées progressivement expri-
mées par les paroles. Ce serait donc une profonde erreur
de croire que la substitution de la mélodie continue à la
mélodie rhythmée soit simplement le résultat du désir d'introduire de nouvelles formes musicales; elle est, au contraire, la conséquence directe de la recherche absolue de la
vérité dans l'expression dramatique.

Aussi, dans *la Damnation de Faust,* voit-on l'idée mélodique se mouler complétement sur l'idée dramatique, enve-
loppant ses formes et ses contours, comme le plâtre s'adapte
au modèle. Le mouvement, l'intonation, les effets, se mo-
difient à mesure que la situation l'exige. Jamais un accord
complet ne cesse d'exister entre la pensée exprimée et la
mélodie qui l'accompagne, de telle sorte que celle-ci semble
être la traduction littérale de celle-là, dans une langue plus
vague, mais aussi plus expressive. Sous ce rapport, Berlioz
a positivement devancé son époque, car il est allé aussi loin
dans cette voie que n'importe quel compositeur moderne.

Cet accord absolu entre la pensée rendue par les paroles,
et celle exprimée par la mélodie, cet accord qui rend *la Damnation de Faust* une œuvre inimitable, est, il faut l'avouer,
bien difficile à atteindre, étant donnée la base défectueuse
sur laquelle s'élèvent les œuvres dramatiques. Le compositeur qui entreprend d'écrire la musique d'un opéra, loin
de pouvoir se livrer tout entier à son improvisation, se
trouve dès l'abord en présence d'un drame dont ni le cane-
vas, ni les développements, ne sont sortis de son cerveau.
Tant que sa conception musicale ne s'élève pas au-dessus
de la forme italienne, l'inconvénient est nul — à tel point
que souvent les musiciens de cette école, en attendant que
les livrets fussent composés, écrivaient leurs mélodies sur
des *monstres,* c'est-à-dire sur des vers dépourvus de toute

signification, mais construits dans la forme rhythmique correspondant à la forme musicale choisie. L'art s'élevant, cette indépendance du poëte et du musicien cesse d'être possible. On sait quelle était la part de collaboration de Meyerbeer dans les poëmes de ses opéras, et combien cette collaboration était lourde au librettiste. Mais tous les compositeurs n'ont pas l'autorité d'un Meyerbeer; tous n'ont pas non plus son instinct dramatique. Le plus souvent, d'ailleurs, la force des choses les oblige à accepter un livret tel quel. De plus, les auteurs de livrets ne sont pas toujours des poëtes, et, par une singulière aberration, lorsque les poëtes s'en mêlent, ils croient devoir rester au-dessous d'eux-mêmes pour se mettre au niveau du métier de librettistes. On regrette de voir les livrets d'opéras écrits par Gœthe figurer dans les œuvres de ce grand génie.

Quoi qu'il en soit, en admettant même qu'un compositeur ait à travailler sur un véritable poëme dramatique, ou seulement sur une œuvre raisonnable, même en supposant qu'il puisse obliger le librettiste à certains changements poétiques ou scéniques, il est certain que son inspiration n'en est pas moins dépendante de celle de l'auteur du livret. L'accord absolu de la pensée écrite et de la pensée mélodique n'est donc pas possible, puisque ces deux pensées ne sont pas le produit d'un cerveau unique. Le compositeur, dès la première note qu'il écrit, descend au rôle de traducteur, et quelle que soit la beauté intrinsèque de la langue qu'il parle, cette beauté ne peut apparaître dans toute sa splendeur. Ce n'est pas dans une traduction de Shakspeare ou de Gœthe que l'on cherchera le génie de la langue française : pour en connaître toute l'élégance, toute la lumineuse clarté, toute l'harmonie, c'est à Molière, c'est à Voltaire, c'est à Alfred de Musset qu'il faut s'adresser !

Sous ce rapport, Berlioz a également innové, car à l'exception de quelques vers empruntés à la traduction de Gérard de Nerval, il a conçu *la Damnation de Faust,* poëme et musique, d'un seul jet. Ce grand révolutionnaire — qu'on ne nous marchande pas le mot, — a montré la vraie route à la jeune génération des compositeurs français. Jusqu'ici aucun d'eux ne s'y est engagé. Sans doute le chemin, pour être indiqué, n'en est pas plus facile à suivre. Cependant, il est inutile de se le dissimuler : l'art du drame lyrique moderne, au point où l'ont amené les grands génies et tel que le public le concevra lui-même bientôt, exige pour être cultivé avec éclat, un tempérament de poëte, tout autant, plus peut-être, qu'un tempérament de symphoniste. On ne saurait assez le répéter : dans cet art complexe, la partie dramatique prime la partie orchestrale. Il faut donc ardemment souhaiter que l'exemple donné par Berlioz ne soit pas perdu, et que nos jeunes compositeurs, tout en cultivant l'art symphonique dans lequel plusieurs sont passés maîtres, ne perdent pas de vue que l'opéra est, avant tout, un drame dont l'élément humain demande à être fidèlement interprété ; en un mot, que la science ne dispense pas du génie.

Berlioz savait aussi que, par contre, le génie ne dispense pas de la science. La partie symphonique de *la Damnation de Faust* en est un splendide exemple. Dans cette admirable composition, Berlioz attribue à l'orchestre le soin de rendre les impressions extérieures, qui forment pour ainsi dire le fond du tableau dont les personnages occupent l'avant-plan. Est-il besoin de citer la partie symphonique du récit de Faust qui forme le début du drame, celle du sommeil de Faust, les chœurs et les ballets des sylphes, l'accompagnement strident et saccadé de la sérénade infernale de Méphistophélès, la partie orchestrale de la *Course à l'Abîme!* Bien fou celui qui voudrait résister au galop des deux chevaux d'enfer! On est haletant, on voudrait reculer, et cependant on avance sans cesse et toujours plus follement. On sent que le génie qui vous emporte ainsi à sa suite est votre maître, comme il est le maître de son art : l'immortalité est à ceux-là qui vous arrachent de la poitrine le cri qu'ils ont voulu vous en arracher! En faut-il davantage pour expliquer comment ce génie, doué d'une originalité puissante, brutale même, tant elle est imposante et fascinatrice, après avoir été rejeté au dernier rang, devait être mis au premier, le jour où le public serait enfin en état de le comprendre?

S'il est intéressant, au point de vue du développement de l'art, de rechercher les origines des compositeurs qui, ayant fait école, occupent une place spéciale dans l'histoire, il l'est moins d'établir des comparaisons entre des musiciens qui, dans des pays différents ou à diverses époques, ont marché parallèlement dans la route du progrès. Cependant, quand il s'agit d'un génie de la taille de Berlioz, appelé surtout, comme il l'est, à servir de phare à toute une génération nouvelle, il semble permis de sortir d'une discrétion imposée par le but de cette étude. Les compositeurs auxquels Berlioz peut être le plus justement comparé, sont Weber et M. Richard Wagner. Par son orchestration puissante et pittoresque, par la tournure large et dramatique de ses chants—tels, par exemple, que l'*Invocation à la Nature* dans la quatrième partie de la *Damnation,* — Berlioz peut être mis en parallèle avec Weber. Ses affinités avec M. Richard Wagner sont plus grandes encore. Entre les novateurs français et allemand, il y a une communauté remarquable d'intentions, et l'on pourrait dire qu'une même conception esthétique les a guidés dans la voie du grand art, avec cette

seule différence que l'auteur de *Lohengrin* a eu l'audace
de réaliser complétement sa théorie en l'appliquant à des
œuvres théâtrales relativement nombreuses. Mais il est juste
d'ajouter que pas une des innovations que M. Richard Wagner a réussi à faire accepter par son pays n'avait échappé
à l'esprit novateur de Berlioz, à une époque où le nom du
maître de Bayreuth n'avait pas même été prononcé en
France. Ce que l'on disait tout à l'heure de la nécessité
d'une concordance absolue entre la conception littéraire et
l'inspiration musicale, en est un des plus frappants exemples.

Mais ce n'est pas seulement dans la conception générale
de l'art que Berlioz peut être comparé à M. Richard Wagner.
Certains procédés de facture sont également communs aux
deux maîtres. Il suffira de citer l'emploi fréquent des trio-
lets, des intervalles de demi-tons et de la mélodie continue.
L'admirable scène de Faust dans son cabinet de travail, où
se mêlent les chœurs religieux de la fête de Pâques, les
accents, tantôt pleins de foi et d'espérance, tantôt pleins
de mélancoliques regrets et d'ardents désirs, du héros de
Gœthe — ces pages sublimes, qui constituent peut-être la
plus haute inspiration de Berlioz, ne rappellent-elles pas
les souffrances inquiètes de Tannhaüser, ses aspirations
douloureuses, et l'élan d'humble foi qui vient toucher son
âme quand il entend le sublime chœur des pèlerins, en
marche vers Rome? Ces deux génies contemporains sont
assurément de la même famille par leur conception supérieure de l'essence du drame lyrique.

En Berlioz, à côté du musicien se trouvait, on l'a dit,
le poëte. C'est encore par une comparaison, cette fois avec
un chef-d'œuvre parfaitement connu du public français,
que cette face de son génie sera mise en pleine lumière : il
s'agit ici, on l'a deviné, du *Faust* de M. Gounod. Dans cet

opéra dont le charme est incomparable, dont le langage musical est si élevé, où l'art et la science se donnent la main, la conception de Gœthe n'a cependant pas été rendue telle que le philosophe de Weimar l'avait conçue. La faute première en est, sans aucun doute, aux librettistes; et il est juste de reconnaître que M. Gounod a su plus d'une fois relever par sa musique, les caractères pâles et effacés des héros. A part quelques pages où le diable est véritablement trop bonhomme, et où Faust ressemble un peu trop à un écolier en vacances, l'impression générale que l'on emporte d'une audition du *Faust* de M. Gounod est sérieuse et touchante. La pièce est bien charpentée, et le malheur de la douce Marguerite fait couler bien des larmes. Pour le reste, de la conception philosophique de Gœthe, il ne subsiste que des noms et une action dramatique, action qui n'appartient du reste pas en propre au héros du poëme, car c'est l'éternelle séduction suivie de l'éternel abandon et de l'infanticide. Mais où MM. Barbier et Michel Carré n'ont trouvé qu'un sujet de roman, le génie poétique de Berlioz a su découvrir la conception philosophique elle-même. Son Faust n'est plus seulement ce vieillard sceptique et découragé qui retrouve la jeunesse au prix d'une signature mise au bas d'un parchemin : c'est l'aspiration de l'humanité vers un monde meilleur, c'est la révolte de l'âme secouant les chaînes terrestres, c'est l'ange déchu qui se souvient et qui maudit sa chute. Son Méphistophélès n'est plus seulement le diable de la légende gothique : « l'épée au côté, la plume au chapeau, l'escarcelle pleine; » c'est plus que l'esprit du mal, c'est le mal lui-même, non extérieur à l'homme, mais existant en lui par ses faiblesses, ses passions, ses impétueux désirs, incessamment satisfaits et jamais assouvis. Dans le drame de MM. Barbier et Carré, Faust est le jouet de l'esprit malin; dans celui de Berlioz, Faust périt par cette disproportion fatale qui existe entre ses désirs et les moyens de les réaliser, par cette aspiration qui fait en même temps la gloire et le malheur de l'humanité. Cette différence dans la conception poétique de ces deux œuvres, explique celle que l'on peut si facilement constater dans certaines parties de la traduction musicale; dans la sérénade que Méphistophélès chante sous les fenêtres de la pauvre abandonnée, dans la fascination qu'il exerce sur sa victime, dans le mépris satanique qu'il a pour les souffrances qu'il exalte en paraissant les calmer. Dans laquelle des deux œuvres Gœthe aurait-il reconnu son Faust à lui?

Mais cette comparaison, qui est tout à l'avantage de Berlioz, demande un correctif. Il n'est pas donné à un seul génie de faire vibrer avec une égale puissance toutes les cordes de l'âme humaine : celle de l'amour a été à peine touchée par la main plus énergique que tendre d'Hector Berlioz. Le caractère de Marguerite, au contraire, a spécialement inspiré les accents tendrement passionnés qui caractérisent le talent musical de M. Gounod. Aussi les Allemands désignent-ils son opéra, non sous le nom de *Faust,* mais sous celui de *Marguerite.* C'est pourquoi *Roméo et Juliette,* ce poëme de l'amour, a été si admirablement traité par M. Gounod : le drame de Shakspeare convenait mieux à la nature sentimentale du génie de ce maître, que la conception plus philosophique du *Faust* de Gœthe.

Berlioz et M. Gounod se complètent l'un l'autre. Que ne peut-on attendre d'une école dont les chefs ont donné, dans leurs productions, l'un, le plus parfait exemple de la pensée philosophique, du grandiose, et des sentiments forts et énergiques; l'autre, les plus parfaits modèles de l'élégance, de la grâce et des sentiments tendres ou passionnés?

X

L'étude consécutive de l'œuvre de M. Gounod et de celle d'Hector Berlioz, a permis de constater que ces deux compositeurs présentent en eux les caractères fondamentaux de la rénovation dont Gluck, dans la partie dramatique, Beethoven, dans la partie symphonique, ont donné le signal, et à laquelle Weber, Mendelssohn, M. Richard Wagner, en Allemagne, et Meyerbeer, en France, ont imprimé le cachet particulier de leur génie. Les origines de la nouvelle école de musique dramatique française sont ainsi établies sur un ensemble de faits de nature à rendre facile l'appréciation des tendances de nos jeunes compositeurs — de ceux bien entendu, trop rares jusqu'ici, qui se sont engagés dans le chemin du grand art à la suite de ces illustres éclaireurs.

Ce serait se priver d'un puissant moyen d'investigation, que de passer sous silence les premiers pas des jeunes artistes dans la voie de la rénovation musicale. Avant d'aborder le drame lyrique proprement dit, ils ont généralement essayé leurs forces dans des genres de composition d'une exécution plus facile. L'ancienne romance, remise en honneur sous le nom de *mélodie*, l'ancien oratorio, transformé par Berlioz et par Félicien David en symphonie dramatique, ont fourni à nos compositeurs un champ fertile où ils ont glané, où, parfois même, ils ont fait des moissons nouvelles.

Dans les mélodies récentes, l'influence de M. Gounod se fait surtout sentir. On y remarque des formes mélodiques particulières, des accompagnements harmoniques, des modulations variées, de ces effets appelés « dissonances permises, » qui rappellent, parfois à s'y méprendre, les œuvres similaires du grand compositeur français. Grâce à l'influence de ce maître, grâce aussi à celle des *lieder* de Schumann, grâce enfin à une inspiration poétique qui leur fait rarement défaut, les jeunes compositeurs ont su préserver ce genre de l'accablant ennui et du ridicule implacable qui s'exhalaient des anciennes romances d'il y a quarante ans, dont Clapisson et tant d'autres ont laissé de trop nombreux échantillons.

L'éducation musicale de la nouvelle école ne s'est pas uniquement fondée sur ce genre, agréable et vulgarisateur sans doute, mais qui occupe, dans l'échelle des productions de l'art, une place nécessairement inférieure. Cette éducation s'est développée dans les diverses formes de la musique absolue. Le quatuor, la sonate d'ensemble, la symphonie enfin, — ces formes dans lesquelles les Bach, les Haydn, les Mozart, les Beethoven, ont conquis une pure et éternelle gloire, — ont inspiré une pléiade de travailleurs dont les conceptions, remplies d'érudition et d'originalité, renferment de brillantes promesses pour l'avenir de l'art dans notre pays.

Le chef de cette jeune armée est, sans contredit, M. Camille Saint-Saëns, dont le bagage dramatique est malheureusement trop mince jusqu'ici, mais qui brille au premier rang dans ce genre éminemment élevé où, sans aborder le théâtre proprement dit, la musique joint ses forces expressives et descriptives à l'intérêt d'une action dramatique. Après avoir écrit de nombreux morceaux de musique de chambre, des symphonies proprement dites, et des œuvres de musique religieuse, M. Saint-Saëns a abordé le genre qui se rapproche le plus des compositions théâtrales. La symphonie biblique intitulée : *le Déluge,* est une des belles productions lyriques contemporaines. Les poëmes symphoniques, *le Rouet d'Omphale, Phaéton, la Danse Macabre, la Jeunesse d'Hercule,* sont partout admirés. Dans *la Danse Macabre,* le compositeur a poussé si loin le tempérament de coloriste qui le fait reconnaître comme un disciple convaincu de la religion nouvelle, que l'interprétation orchestrale de cette œuvre fait courir un frisson dans les veines. Ce n'est pas un mérite banal que d'impressionner à ce point un public dont aucun artifice de mise en scène ne vient exciter le système nerveux, qui apporte même souvent dans les salles de concert les distractions du dehors. Ici, ce n'est point par les yeux, ces puissants introducteurs de l'émotion intime, que l'artiste agit sur son auditoire : c'est par la seule autorité de son inspiration, par la seule connaissance des effets de son art, qu'il fait pénétrer dans les âmes la pensée qui l'inspire.

Dans le genre dramatique, M. Saint-Saëns a écrit un opéra en trois actes, intitulé : *Samson et Dalila,* dont on n'a rien à dire ici, cette œuvre n'étant pas destinée à une scène française. On peut déplorer cet exil volontaire d'une œuvre dramatique de notre jeune maître; mais, il faut le reconnaître, cette émigration d'un nouveau genre est justifiée. M. Saint-Saëns a depuis longtemps payé la dette que, chez nous, tout génie oseur contracte en naissant. Il a dû attendre sa trente-septième année pour voir jouer, sur une scène française, sa première œuvre théâtrale, un petit opéra-comique en un acte. Ses productions sérieuses et savantes, sa réputation de symphoniste, loin de lui ouvrir les portes de nos scènes lyriques, effrayaient les directeurs. Cet effroi était-il justifié? Les faits se chargent de répondre à cette question. Le public français, dont l'éducation musicale a fait, pendant ces dernières années, des progrès sensibles, a ajouté aux couronnes recueillies par M. Saint-Saëns dans les salles de concert, les lauriers d'un premier succès dramatique. Il a fait l'hiver dernier, par *le Timbre d'Argent*, opéra-fantastique en trois actes, son entrée applaudie sur la scène du Théâtre-Lyrique.

Cet accueil bienveillant serait inexplicable, si l'on ne tenait largement compte du besoin inavoué, et jusqu'à un certain point inconscient, qui s'est peu à peu imposé au public français, d'entendre des formes orchestrales supérieures. On retrouve, en effet, dans *le Timbre d'Argent*, le symphoniste de premier ordre ; mais il est certain que la partie orchestrale de cette œuvre en est l'élément supérieur : si les pensées dramatiques sont semées avec profusion dans une instrumentation pittoresque et expressive, la partie du chant (hormis quelques morceaux exquis où le souvenir de M. Gounod apparaît en plusieurs endroits) ne s'élève pas à la hauteur du travail symphonique. Les idées et les formes mélodiques de l'air chanté par Bénédict dans le premier acte, du gracieux et poétique dialogue de Bénédict et de Rosa : « Un beau papillon de nuit aimait une étoile, » de la romance pleine de sentiment de Conrad, lorsque son rêve le ramène dans la maison d'Hélène, justifient cette critique. On ne peut se défendre d'un sentiment de surprise, en constatant la distance qui sépare la facture générale des mélodies et des récits, de l'orchestration savante qui les accompagne. Il semblerait que le compositeur, se défiant du bon goût du public, a voulu lui servir le plat accoutumé de mélodies rebattues, se réservant à lui-même, et réservant aux raffinés, un travail symphonique qu'il a presque exclusivement chargé de traduire les émotions et les sentiments réels de ses personnages. Cette défiance avait-elle sa raison d'être ? Le public a-t-il été charmé par la concession qui lui a été faite, ou par celle qu'on n'a pas voulu lui faire ? C'est une question qu'il est plus facile de poser que de résoudre. Ce qui est certain, c'est qu'il ne s'est pas laissé effrayer par une recherche d'effets symphoniques auxquels ses oreilles n'étaient guère accoutumées ; qu'il a supporté vaillamment et les ennuis d'un livret absolument dénué d'intérêt, et les interminables évolutions d'une danseuse exécutant des pantomimes aussi peu intéressantes que peu variées ; qu'il a applaudi, malgré une interprétation plus que médiocre. De pareils complaisances d'un public difficile ont une raison d'être, et on est libre d'en chercher le motif dans un goût naissant pour les qualités que M. Saint-Saëns a déployées dans son œuvre.

En résumé, M. Saint-Saëns excelle dans le genre de musique qu'on appelle *descriptive ;* c'est une qualité qu'on l'accuse quelquefois de pousser jusqu'au défaut. Sans doute, le mot lui-même n'est pas sans reproches, et il est encore un épouvantail pour cette grande partie du public qui l'interprète dans le sens étroit d'une onomatopée. Mais est-ce bien là le but que visent les coloristes ? Veulent-ils réellement réduire la musique symphonique à une imitation, au moyen des instruments, de certains bruits tels que le fracas d'une tempête, ou la course échevelée de cavaliers vers un abîme, ou encore le mugissement des flots secouant un navire en détresse ? Ceux qui pensent ainsi sont le jouet d'une illusion singulière. Sans doute, lorsque le musicien descriptif rencontre l'occasion de rendre directement, par une traduction orchestrale, les impressions produites par les grandes voix de la nature, il ne la rejette pas loin de lui. Dans certaines œuvres de Félicien David, d'Hector Berlioz, de M. Richard Wagner, on trouve des exemples qui montrent jusqu'où peut aller le génie du symphoniste dans l'imitation des harmonies étranges que les éléments déchaînés font entendre à nos oreilles. Fermer cette porte à l'art, ce serait condamner la *Symphonie Pastorale* elle-même, l'ouverture de *Guillaume Tell*, et, en définitive, tout ce qui constitue la couleur locale. Mais, outre que ces traductions, ces onomatopées, si l'on veut, empruntent toujours au sujet du drame un caractère particulier, souvent fantastique, comme dans *la Course à l'Abîme* de Berlioz, par exemple, elles sont loin de constituer l'essence même de la forme descriptive : elles n'en sont que des accidents. Le véritable but de cette conception musicale, le but qu'ont visé les Weber, les Berlioz, les Félicien David, et tant d'autres, c'est la traduction des impressions éprouvées, non par l'oreille, mais par l'âme, en présence d'un spectacle réel ou imaginé. Cette traduction est du domaine de tous les arts ; mais il n'en est pas un qui possède le pouvoir de rendre ces impressions avec autant de force expressive que la musique. Il n'est pas de prière qui atteigne le sentiment religieux des œuvres d'un Stradella ou d'un Marcello ; il n'est pas de poésie qui parle mieux le langage de l'amour que les scènes du *Faust* et du *Roméo et Juliette* de M. Gounod, qui traduise mieux la douleur que les accents d'Orphée pleurant son Eurydice. Pour parler à l'âme, la musique doit sans doute passer par les sens, puisque nos sens sont les seules portes par lesquelles nous puissions communiquer avec le monde extérieur. Mais c'est s'arrêter au seuil que de prétendre n'impressionner que l'oreille, et la forme sublime de l'art est évidemment celle qui, la franchissant sans s'y arrêter, allume l'étincelle divine de l'intelligence. Pendant assez longtemps, la musique est demeurée simplement un bruit agréable; on lui demande plus aujourd'hui, et ceux qui se bouchent les oreilles pour ne pas entendre des sons qui contrarient leurs habitudes et leurs préjugés, ferment en même temps leur âme à des sensations de la nature la plus élevée. En un mot, la musique actuelle se sert du réel pour arriver à l'idéal, réalisant ainsi la conception du plus grand de nos poëtes, d'Alfred de Musset, lorsqu'il entreprit un jour de tracer à l'art sa véritable voie.

En attendant que *le Timbre d'Argent* sonnât l'heure du premier succès théâtral du jeune maître dont on vient d'esquisser les tendances, le nouveau Théâtre-Lyrique obtenait, pour son ouverture, un succès des plus mérités avec *Dimitri,* opéra en cinq actes de M. Victorin Joncières. M. Joncières est un de nos jeunes maîtres, fort avancé dans les voies nouvelles. La chute de *Sardanapale,* une œuvre dramatique antérieure, n'avait point découragé M. Joncières, qui sentait qu'avec de nouveaux efforts il parviendrait à conquérir sa place au soleil. Son espoir n'a pas été déçu. La création nouvelle de ce musicien le place décidément dans les premiers rangs de la jeune armée, dont les illustres chefs viennent d'être trop imparfaitement passés en revue. Ici encore, l'influence de M. Gounod dans les accents mélodiques, celle de M. Richard Wagner dans la variété des effets orchestraux, sont reconnaissables. Des récits mélodiques originaux, une recherche constante de la vérité dans l'expression, une puissance poussée quelquefois trop loin dans le travail symphonique, révèlent un travailleur et un artiste consciencieux. On regrette cependant de trouver encore dans *Dimitri* une structure imparfaite, des formes dramatiques contraires à la vraisemblance théâtrale, et certaines parties d'ensemble mal comprises à ce point de vue. Mais cette critique ne doit pas empêcher de reconnaître que la partition renferme des morceaux remarquables. Pour justifier cette assertion, il suffit de citer le premier acte tout entier, avec la délicieuse mélodie des *Étoiles* et le premier air de Dimitri ; et dans le troisième,

l'originale *Invocation à Moscou,* dont la mélodie absolument
simple et distinguée, avec son accompagnement de cloches
et de harpes d'un effet très-trouvé et tout à fait remarquable, indiquent chez M. Joncières de sérieux progrès dans
une voie où il doit persévérer, et dont, à coup sûr, il comprend toute la supériorité.

Mais de tous les jeunes compositeurs de l'avenir, celui
dont le bagage dramatique est le plus remarquable, est, sans
contredit, M. Jules Massenet. Il y a dix ans à peine que
M. Pasdeloup, dont on connaît la louable discrétion, ouvrait
ses portes à deux battants pour M. Jules Massenet, qui s'y
présentait avec une suite d'orchestre. Cette œuvre a inauguré une série de succès que, dans la musique instrumentale
comme dans l'oratorio et dans la musique dramatique, ce
disciple de l'école moderne a su recueillir. Sa carrière musicale, encore à son aurore, brille déjà aujourd'hui de tout
l'éclat d'un jour d'été.

Les dons naturels de M. Jules Massenet donnent à son
talent une réelle originalité musicale ; mais il est aisé de
voir que ces dons se sont développés par l'étude des grands
maîtres modernes. Son esthétique a été puisée aux enseignements sérieux de Berlioz et de M. Richard Wagner.
C'est dans leurs œuvres qu'il a puisé sa conception si profondément humaine et psychologique de l'art ; c'est là qu'il
a appris que toutes les voix de la nature, que toutes les
plaintes de l'âme, que tous les cris de triomphe et d'allé-
gresse, que le rire et les larmes, que l'amour et la haine,
ont leurs interprétations dans les richesses instrumentales,
dans la pure diction mélodique, dans les variétés infinies
d'effets auxquelles un musicien de génie peut atteindre. La
muse délicate et touchante de M. Gounod, elle aussi, l'a
bercé de ses rêveries amoureuses, de ses aspirations tendres

et mystiques. Du génie du jeune maître fermé à ces écoles, sont sorties des œuvres telles que *les Érynnies, Marie-Magdeleine* et *Ève,* qui sont pour la France plus qu'une espérance, qui sont déjà une splendide réalité. C'est, en effet, l'honneur de M. Massenet, de marcher résolûment dans la voie que ses admirations de jeunesse, jointes à la nature particulièrement profonde et méditative de son génie, lui montrent comme étant la seule qui convienne à l'art qu'il aime et vénère. Sans avoir pénétré aussi profondément dans la science du contre-point que M. Saint-Saëns, il n'en est pas moins, sous le rapport symphonique, supérieur à Bizet, et même à M. Gounod. Son esthétique est également supérieure à celle de ces maîtres : on constate, dans ses œuvres, la volonté arrêtée d'éviter tout poncif, toute forme rebattue, toute réminiscence vulgaire. La recherche constante de la distinction dans la pensée comme dans la forme, est assurément un des charmes de ce jeune talent.

On connaît la carrière artistique encore si courte, et cependant si bien remplie déjà de M. Massenet. Après d'exquises mélodies, après des compositions pour piano d'une extrême délicatesse, après plusieurs suites d'orchestre qui sont de ravissants chefs-d'œuvre, M. Massenet produisit un opéra-comique intitulé : *Don César de Bazan,* dont quelques pages révélaient un maître. A la suite de cette œuvre, le jeune auteur abandonna quelque temps le théâtre pour ce genre de composition musicale où le génie, affranchi des préoccupations scéniques, peut se déployer en toute liberté. Les oratorios de *Marie-Magdeleine* et d'*Ève* révélèrent chez leur auteur une conception supérieure, les tendances les plus élevées, en même temps que des trésors d'inspiration mélodique et un sentiment religieux digne des grands maîtres. Il était réservé à cette nature raffinée et quelque peu mystique d'opérer, dans l'ancienne forme de l'oratorio, une révolution qui lui donne un caractère tout moderne. Le récitatif a complétement disparu, en même temps que les *airs :* la mélodie s'étend sans interruption dans l'œuvre entière, pareille au cours d'un beau fleuve qui roule ses eaux limpides sans qu'aucuu obstacle en vienne interrompre le cours. Ce n'est pas dans ces créations originales que l'on rencontrerait cette répétition fatigante de l'accord parfait frappé sur le temps le plus fort, ce qui ne manquait jamais dans les œuvres des anciennes écoles italienne et française, ni ces mille formules mélodiques et symphoniques dont les oreilles sont rebattues. On peut dire que, par ces productions, le charmant et poétique génie du jeune maître a doucement violenté le public, en le forçant à se familiariser avec des formes supérieures, et qu'il a ainsi préparé lui-même le succès de son chef-d'œuvre. En effet, il n'a pas suffi à M. Massenet de se montrer un mélodiste touchant et un rêveur idéal ; il était une plus grande victoire à remporter. La place que M. Massenet occupe aujourd'hui dans l'école moderne — et ce n'est pas trop s'avancer que de dire que c'est la prémière, — a été conquise de haute lutte par une œuvre de la plus puissante originalité et de la vigueur la plus surprenante.

Sur un fier drame antique de M. Leconte de Lisle, d'une saveur étrange et d'une facture presque brutale, M. Massenet a écrit une partition où le compositeur s'est élevé à la hauteur de l'écrivain : de la première à la dernière page, il s'est montré à la fois peintre et poëte, à la fois mélodiste et symphoniste. La musique des *Érynnies* est neuve et hardie dans toute la force du terme, et le drapeau révolutionnaire y est tenu haut et fier. Mais aussi, comment un maître n'aurait-il pas été inspiré par une aussi puissante conception? Ce sont les passions antiques dans leur sombre violence, les superstitions fascinatrices d'une époque si différente de la nôtre, la foi terrible dans l'inexorable destin, que le compositeur a dû rendre, et depuis Spontini, nul ne l'avait tenté avec succès. L'auteur des *Érynnies* a su interpréter ces sentiments antiques dans une ouverture d'un sombre grandiose, dans les cris infernaux des pâles Érynnies et dans l'invocation d'Électre, la plus sublime inspiration de M. Massenet, la plus belle page peut-être de musique dramatique écrite en France depuis Berlioz.

Ce serait une répétition oiseuse que de signaler les beautés symphoniques répandues dans toute la partition : on sait que, dans cette partie de l'art lyrique, M. Massenet est un maître. Mais comment passer sous silence les airs de danse, où le compositeur s'est si complétement identifié avec son sujet? Dans cette forme inférieure de l'art musical, dans ce genre où, en général, les musiciens n'ont d'autre préoccupation que de fournir des thèmes rhythmiques variés pour les évolutions des premiers sujets, M. Massenet a su écrire ce poëme doucement résigné qui est tout entier dans le pas de la jeune Troyenne regrettant sa patrie; il a su donner un parfum antique à la danse grecque qui ouvre le ballet; il a rendu, par des sonorités puissantes et par un mouvement emporté, le caractère des Saturnales, telles que notre imagination peut se les représenter. Entendu de cette façon le ballet n'est plus, dans le drame lyrique, un hors-d'œuvre qui vient maladroitement interrompre l'action, un insipide prétexte à exhibitions chorégraphiques et à illuminations féeriques : c'est une touche vigoureuse ajoutée au tableau pour en renforcer la couleur locale.

Cependant les *Erynnies,* quoique représentées au théâtre, ne constituent pas un opéra dans l'acception propre du terme. En dehors des morceaux de symphonie pure, la musique n'y apparaît que dans les chœurs, à la manière antique, ou pour accompagner le récit des personnages dans les moments pathétiques. Le mélodrame y remplace donc les airs de l'ancien opéra, ou la mélopée de Gluck et de l'opéra moderne. Or, quels que soient les effets dramatiques que l'on puisse retirer de cette forme de l'art, elle n'appartient pas au genre de l'opéra, et par conséquent, il est inutile de la discuter dans ces pages. Mais, pour cette raison même, M. Massenet avait encore un pas à faire avant d'aborder l'art du drame lyrique proprement dit. Il est intéressant de voir comment le jeune maître a su le franchir.

Le Roi de Lahore, féeriquement logé dans le palais féerique de M. Garnier, a inauguré la phase nouvelle du talent de M. Massenet par un succès incontestable. Et cependant, on chercherait vainement dans cet opéra une série d'airs ou de morceaux détachés; on y chercherait vainement, et les récitatifs monotones, et les morceaux d'ensemble dont les *motifs,* chantés alternativement par chacun des personnages, deviennent bientôt la proie de ces *arrangements* pour piano, dans lesquels la mélodie disparaît sous un amoncellement de gammes chromatiques et de variations indigestes. La partition du *Roi de Lahore* prouve que M. Massenet est animé d'un esprit franchement moderne, et qu'il ne sacrifiera jamais sur l'autel des habitudes et des préjugés. Il a voulu faire de l'art, et il a remporté plus qu'un succès : une victoire ! Désormais, il peut marcher en avant : le public ne peut plus se déjuger, et à la suite du jeune compositeur, il est forcément entraîné dans le chemin qu'il a refusé si longtemps de suivre. Que M. Massenet ne craigne pas de s'entendre accuser de wagnérisme : il n'en fait pas, il n'en a jamais fait, car il est lui-même, et son talent est essentiellement français. Qu'il ne craigne pas de s'engager de plus en plus dans la recherche des formes supérieures de l'art, sans se préoccuper des procès de tendance qu'on pourrait lui faire. Qu'il soit fidèle aux cultes de sa jeunesse qui l'ont fait ce qu'il est, et qu'il conserve cette fraîcheur et cette délicatesse qui sont les traits caractéristiques de son talent. Sans se laisser enivrer par de précoces succès, sans se laisser décourager par des oppositions routinières et surannées, qu'il continue à marcher en avant, en se corrigeant de quelques imperfections de détail, telles que les sonorités parfois excessives de son orchestration large et originale, telles que les répétitions inutiles des mêmes phrases, défaut plus imputable d'ailleurs à la pauvreté du poëme qu'à sa propre inspiration, et la France pourra saluer en lui le jeune chef d'une école qu'il aura contribué à anoblir.

Sans entrer dans le détail des beautés du *Roi de Lahore,* on peut citer comme particulièrement remarquable, au point de vue de l'esthétique moderne décidément adoptée par M. Massenet, le premier acte tout entier, dont les inspirations tant mélodiques que symphoniques sont de la plus rare distinction. Le duo de Scindia et de Sita, qui rappelle un peu trop cependant les inspirations habituelles de M. Gounod, le chœur des prêtresses qui précède l'entrée de la jeune fille, le récit de cette dernière : « C'était le soir d'un jour de fête, » portent les caractères les plus certains du mouvement de rénovation musicale auquel M. Massenet a fait faire un pas décisif. Enfin, si l'on voulait mettre en relief la profonde habileté du symphoniste, il suffirait de citer les ballets, qui forment une partie importante du troisième acte. Sans doute, ceux qui jugeant la question au point de vue d'une esthétique supérieure, ne voudraient voir dans un drame lyrique qu'un drame en musique, ceux-là peuvent condamner le mélange, passé en force d'habitude, de l'art musical et de l'art chorégraphique. En quoi cette interruption de l'action dramatique est-elle mieux justifiée dans un opéra que dans un drame ? Mais, étant admis qu'un *divertissement* est nécessaire pour suppléer au défaut d'imagination des librettistes, et que sur ce point les habitudes du public doivent être respectées, il faut admirer sans réserve le parti qu'a su tirer M. Massenet de la situation fournie par le poëme. Rien n'est plus délicat et plus langoureux que les danses du bienheureux séjour d'Indra ; rien n'est plus ingénieux et plus original que les modulations de la mélodie hindoue. L'auteur de ce travail avoue sa profonde incompétence pour tout ce qui ressort du domaine de l'art chorégraphique ; mais ici, il faut en convenir, l'oreille est délicieusement complice du charme et du repos qui envahissent l'âme, pendant cette débauche raffinée de bercements, d'ondulations et de gazouillements célestes, qui remplissent l'immortel séjour indien.

M. Massenet a-t-il été aussi original et aussi inspiré dans cette œuvre que dans *les Érynnies ?* Il suffit, pour répondre à cette question, de comparer les poëmes de ces deux productions. Peut-on reprocher à l'auteur du *Roi de Lahore* une certaine monotonie d'inspiration, principalement dans le rôle d'Alim malgré sa magnifique phrase d'entrée dans le paradis d'Indra, alors que l'auteur des *Erynnies* a si bien su s'en garder ? Que cet exemple ne soit pas perdu ! Que nos jeunes compositeurs se pénètrent bien de cette vérité : que l'inspiration mélodique exige avant tout l'inspiration poétique. Comme l'a dit un poëte :

La musique est une aile, au pied du vers, posée.

Cette théorie moderne, dont M. Massenet est visiblement un apôtre convaincu, doit l'engager à poser sa gracieuse pensée, ses inspirations puissantes et les formes originales de sa riche orchestration sur des poëmes fortement conçus et largement charpentés. La musique est plus propre à exprimer des sentiments que des actes. C'est donc dans des poëmes où les passions humaines sont mises en action par leur développement intime, et non par l'effet de causes purement extérieures, que les musiciens sont assurés de trouver des thèmes pour leurs inspirations les plus élevées. Dans la partie symphonique de leurs opéras, ils trouveront amplement les occasions de déployer les ressources de leur génie descriptif. Il ressort suffisamment de cette étude que si les musiciens de talent, aux prises avec un poëme bien conçu, ont pu déployer tout leur génie, les mêmes compositeurs, obligés de se traîner à la suite d'un livret insignifiant, ont toujours écrit une musique indigne d'eux.

Le nom de M. Massenet clôt dignement cette étude. L'heure a sonné où les œuvres de génie trouvent un public pour les comprendre, où un art conventionnel cède la place à une forme supérieure. La lutte a été longue, et les victimes illustres. Le champ ensemencé par les Gluck, les Beethoven, les Weber, les Berlioz, les Wagner, a été longtemps sans germer ; aujourd'hui, la moisson est sur pied, c'est aux jeunes compositeurs d'en faire la récolte. Le passé musical de la France est un sûr garant de son avenir.

Paris. — Typ. PILLET et DUMOULIN, 5, rue des Grands-Augustins.

PARIS. — IMPRIMERIE PILLET ET DUMOULIN
5, rue des Grands-Augustins, 5.

PARIS. — IMPRIMERIE PILLET ET DUMOULIN
5, rue des Grands-Augustins, 5.